Die Ausbruchsversuche des Gefängnisses Neustrelitz 1950 - 2023

AF665431

FSC
www.fsc.org
MIX
Papier aus verantwortungsvollen Quellen
Paper from responsible sources
FSC® C105338

Herold zu Moschdehner

Die Ausbruchsversuche des Gefängnisses Neustrelitz

1950 - 2023

Bibliografische Information der Deutschen Nationalbibliothek
Die Deutsche Nationalbibliothek verzeichnet diese Publikation in der Deutschen Nationalbibliografie; detaillierte bibliografische Daten sind im Internet über http://dnb.d-nb.de abrufbar.

ISBN: 978-3-7693-0798-6

Copyright (2024) Herold zu Moschdehner
Verlag: BoD · Books on Demand GmbH,
In de Tarpen 42, 22848 Norderstedt
Druck: Libri Plureos GmbH, Friedensallee 273,
22763 Hamburg
Alle Rechte bei dem Autoren.

12,99 Euro

Vorwort

Die JVA Neustrelitz ist heute eine der modernsten und sichersten Haftanstalten Deutschlands, ausgestattet mit Technologie, die nahezu jeden Fluchtversuch vereiteln kann. Doch diese Mauern, Wachtürme und Überwachungssysteme sind nicht nur Symbole der Sicherung – sie tragen auch die Spuren von Jahrzehnten, in denen Häftlinge das Unmögliche versuchten: zu fliehen, ihre Freiheit zurückzuerlangen und den Grenzen zu entkommen, die ihnen gesetzt wurden.
Dieses Buch ist eine Reise durch diese Versuche. Von den frühen Tagen der Stasi-Anstalt, als politische Gefangene unter strengster Überwachung standen, bis hin zur heutigen JVA, die technologische Wunder wie Drohnen und GPS-Überwachung einsetzt – die Fluchtgedanken und der Freiheitswille waren stets stärker als die Barrieren, die ihnen entgegengesetzt wurden. Die Insassen, die von Hierarchie und Alltagszwang eingeschlossen waren, träumten dennoch und schöpften aus den Erzählungen ihrer Vorgänger neuen Mut, neue Pläne.
„Die Ausbruchsversuche des Gefängnisses Neustrelitz" ist nicht nur eine Sammlung von Fluchtgeschichten. Es ist eine Chronik des Drangs nach Freiheit und ein Zeugnis des menschlichen Geistes, der sich selbst den unnachgiebigsten Mauern entgegenstellt. Dieses Buch zeigt, dass die Sehnsucht nach Freiheit eine universelle Kraft ist – ein Funke, der über Generationen und Sicherheitsmaßnahmen hinweg weiterlebt.

Kapitel 1: Der Fluchtversuch des Jacob Holden, 1950

Im Jahr 1950 war die Untersuchungshaftanstalt in Neustrelitz ein düsterer Ort, dessen Mauern die Schrecken der frühen DDR-Zeit widerspiegelten. Diese Haftanstalt, die zunehmend von der Stasi genutzt wurde, lag am Rand der Kleinstadt, von hohen Mauern und Stacheldraht umgeben, Wachtürme an den Ecken, und ständig patrouillierende Wächter. Das Gebäude selbst war karg, funktional, und von einem System der Kontrolle durchzogen, das jeden Gedanken an Flucht oder Widerstand im Keim ersticken sollte. Jacob Holden, ein Mechaniker aus Schwerin, war hier inhaftiert, weil er das DDR-Regime in seiner Werkstatt lautstark kritisiert hatte. Unachtsam hatte er seine Zweifel an der Parteiführung und den sich verhärtenden Machtstrukturen geäußert – Worte, die ihn, wie so viele andere, direkt in den Fokus der Stasi gerückt hatten. Nun saß er im kalten Beton der Untersuchungshaftanstalt, eingesperrt in eine Zelle, die nur ein schmales Bett, einen Tisch und ein kleines Fenster besaß. Die Fensteröffnung war zu hoch, um hindurchsehen zu können, und das Licht, das hereinfiel, wirkte kalt und unerreichbar.

Doch Jacob Holden war kein Mann, der sich leicht beugen ließ. Seit Wochen plante er einen Fluchtversuch, nutzte jede Gelegenheit, um in den Werkstätten der Anstalt kleine Gegenstände zu sammeln, die ihm helfen könnten. Mit einem verbogenen Löffel, etwas Draht und einem abgebrochenen Metallstück versuchte er, eine primitive Art Dietrich zusammenzubauen. Die Stunden verstrichen zäh, doch seine Entschlossenheit wuchs.

An einem kalten Abend im Februar, als der Frost den Atem der Wachen in die Luft zeichnete und die wenigen Bewohner von Neustrelitz sich hinter ihren Fenstern zurückzogen, begann Holden seinen Plan umzusetzen. Er wartete, bis der Wachmann, der zu dieser Stunde immer den Korridor entlangging, an seiner Zelle vorüber war, und begann dann, das Schloss seiner Zellentür mit seinem improvisierten Werkzeug zu bearbeiten. Das Schloss gab schließlich nach, und Holden schlüpfte in den Korridor, sein Herz pochte in seiner Brust wie das Schlagen eines Trommelrhythmus.

Der Korridor führte in eine Reihe weiterer Flure, die Holden nicht kannte, doch er hatte während seiner Zeit in der Werkstatt Gerüchte gehört: Es hieß, es gebe einen Kellerabgang, der zu einem alten Lüftungsschacht führte. Wenn er dorthin gelangen konnte, bestand vielleicht eine Chance, sich durch die Schächte nach draußen zu bewegen. Holden schlich durch die kalten, stillen Flure der Anstalt, die im spärlichen Licht der Notbeleuchtung bedrohlich wirkten. Doch gerade als er den Abgang zum Keller erreichte, hörte er das Knurren von Wachhunden, das von draußen in die Gänge drang – sie hatten seine Flucht bemerkt.

Seine Schritte wurden schneller, die Angst saß ihm im Nacken, doch er wusste, dass er keine Zeit zum Zögern hatte. Er rannte die letzten Treppenstufen hinab in den Keller, wo sich der

Zugang zu den alten, nur teilweise verschlossenen Lüftungsschächten befand. Holden drückte die rostige Tür zum Schacht auf, die sich widerwillig öffnete und ihm den Blick auf das Dunkel jenseits der Kellerwände bot. Der Schacht war eng, feucht und kalt, doch er sah darin seinen einzigen Weg in die Freiheit.

Doch kaum hatte er einen Fuß in den Schacht gesetzt, heulten die Sirenen auf. Wachhunde wurden ins Gebäude geholt, und die Schritte der Wachen hallten durch die engen Flure. Holden kauerte sich in die Dunkelheit des Schachts und hielt die Luft an, hoffend, dass die Wachen an ihm vorbeigehen würden. Doch ihre Schritte kamen näher, und der Lichtschein der Taschenlampen tanzte über die Wände, bis sie ihn fanden.

Sein Fluchtversuch war gescheitert. Die Wachen packten ihn mit kaltem Griff und brachten ihn in eine der schärfer gesicherten Zellen, weitab von den Werkstätten und den Kellerräumen. Holden wurde nun rund um die Uhr bewacht, und jede Bewegung in seiner Zelle wurde beobachtet. Die Tage in Einzelhaft zogen sich zäh und grausam, und der Gedanke an die Freiheit, die er für einen kurzen Moment gespürt hatte, verfolgte ihn in seinen Träumen.

Unter den anderen Insassen jedoch machte sein Fluchtversuch die Runde. Jacob Holden wurde zu einer Art Symbol für Hoffnung und Widerstand. Die anderen Gefangenen, die von seiner Geschichte hörten, flüsterten über seine Tat, und für viele wurde sein Name zu einer Inspiration, ein Zeichen, dass es selbst in der düsteren Welt des

Stasi-Gefängnisses eine Möglichkeit gab, die Fesseln zu brechen, wenn auch nur für einen Augenblick. Holdens Versuch, dem System zu entkommen, ließ einen Funken Hoffnung aufleben – ein Funken, der in den Jahren, die folgen sollten, weitere Männer und Frauen dazu brachte, nach ihrer eigenen Freiheit zu streben.

Kapitel 2: Der Fluchtversuch von Peter Menzel, 1953

Drei Jahre nach Jacob Holdens gescheitertem Fluchtversuch waren die Sicherheitsvorkehrungen in der Untersuchungshaftanstalt Neustrelitz weiter verstärkt worden. Nach außen hin blieb das Gefängnis unverändert, ein massiver, grauer Klotz mit Stacheldraht und erhöhten Wachtürmen. Doch im Inneren hatten sich die Zeiten geändert: die DDR-Regierung hatte die Anstalt inzwischen stärker in das System der politischen Kontrolle integriert, und die Stasi nutzte die Anstalt regelmäßig für die Inhaftierung und Befragung mutmaßlicher Staatsgegner.

Einer dieser neuen Häftlinge war Peter Menzel, ein junger Mann aus Rostock, der wegen seiner politischen Haltung aufgefallen war. Im Sommer 1953 hatte er sich an den Aufständen beteiligt, die in der DDR gegen die schlechten Arbeitsbedingungen und die drakonische Erhöhung der Arbeitsnormen ausgebrochen waren. Die Unruhen des 17. Juni waren brutal niedergeschlagen worden, doch die Erinnerung daran hallte in den Köpfen der Bevölkerung nach – vor allem in den Gefängnissen, wo Männer wie Peter Menzel nun für ihre Teilnahme an den Protesten bestraft wurden.

Die Haftbedingungen waren in jenen Jahren besonders hart: zusätzliche Wachhunde, verschärfte Kontrollen und regelmäßige Zelleninspektionen. Die Wachen waren misstrauisch und wachsam, denn die politischen Spannungen hatten die Stimmung der Häftlinge angeheizt, und man befürchtete, dass weitere Unruhen auch innerhalb der Anstalt ausbrechen könnten. Doch Peter Menzel war entschlossen, seiner Situation zu entkommen. Die Erinnerungen an den Protest und die wenigen Tage der Freiheit, die er erlebt hatte, gaben ihm den Mut, einen Fluchtversuch zu planen.

Peter Menzel hatte in seiner Zelle keinen Zugang zu den Werkstätten wie Holden damals. Doch er entdeckte eine Möglichkeit, die ihm die regelmäßigen Außeninspektionen boten. Alle paar Tage wurden die Häftlinge in den kleinen Innenhof geführt, wo sie für kurze Zeit frische Luft schnappen durften, unter strenger Aufsicht und immer in Gruppen. Der Hof war von einer hohen Mauer umgeben, gesichert durch mehrere Reihen Stacheldraht, doch es gab eine kleine Wartungsluke, die nur von den Wächtern benutzt wurde, um die Wasserversorgung des Hofes zu überprüfen.

Menzel hatte beobachtet, dass diese Luke während der Außeninspektionen manchmal offen blieb, wenn einer der Wächter eine kurze Besichtigung des angrenzenden Versorgungshauses vornahm. Die Luke selbst war zu klein, um hindurchzukommen, doch er hoffte, den Mechanismus irgendwie zu manipulieren, um in das Versorgungshaus zu gelangen und sich dort weiterzutasten. Bei einer der Inspektionen schaffte er es, ein kleines Stück Metall von einem losen Gitterrost zu lösen und versteckte es in seiner Kleidung.

Sein Plan war einfach, aber gefährlich: Während der nächsten Inspektion würde er das Metallstück nutzen, um den kleinen Riegel an der Wartungsluke zu blockieren, sodass sie nicht vollständig schließen konnte. Danach wollte er hoffen, dass er in einem unbeobachteten Moment in das Versorgungshaus gelangen könnte, das anscheinend direkten Zugang zu einem Schacht außerhalb der Anstaltsmauern bot.

Der Tag der Inspektion kam, und Menzel ging zum Innenhof, das Metallstück fest in seiner Hand versteckt. Er wartete geduldig, bis die Wachen abgelenkt waren – eine Gruppe Häftlinge hatte im Hof eine Auseinandersetzung begonnen, was die Aufmerksamkeit der Wachen auf sich zog. Menzel nutzte die Gelegenheit, schob das Metallstück in den Riegel der Wartungsluke und versuchte, sie zu blockieren. Der Mechanismus war alt und rostig, und nach einigen Sekunden hörte er ein leises Klicken. Er war unsicher, ob es funktioniert hatte, doch die Luke blieb leicht angelehnt.

In dieser Nacht, als die Lichter im Korridor gedimmt wurden und die meisten Wachen ihre Positionen eingenommen hatten, wagte er den nächsten Schritt. Während des Nachtgangs der Wachen schlich er durch die Korridore zum Innenhof. Der Weg dorthin war riskant – die Gänge waren patrouilliert und die meisten Türen verschlossen. Doch das Schicksal war ihm gnädig, und er gelangte bis zum Hof.

Als er die Luke vorsichtig öffnete, sah er das alte Versorgungshaus vor sich, klein und unbeleuchtet, ein Relikt aus den frühen Tagen der Anstalt. Menzel kroch hindurch und fand sich

in einem kalten, muffigen Raum wieder, dessen Wände von Moos bedeckt waren. Der Schacht, der durch das Haus führte, war eine Art Überlauf für Regenwasser, aber groß genug, um hindurchzukriechen.
Doch in dem Moment, als er sich in den Schacht abseilen wollte, ertönte das Bellen der Wachhunde. Menzel erstarrte. Das Gebell kam näher, und schon bald hörte er die Schritte der Wachen, die auf das Versorgungshaus zueilten. Irgendetwas hatte die Wachen alarmiert – vielleicht der leichte Windzug, der durch die Luke drang, oder ein Geräusch, das er unbeabsichtigt gemacht hatte.
Menzel kroch so schnell er konnte in den Schacht, doch die Wachen hatten ihn längst entdeckt. Ein grelles Licht fiel auf ihn, und die Schreie der Wachen hallten durch den Hof. Er wurde aus dem Schacht gezogen und von den Wachen umringt, die ihn zurück ins Gefängnis brachten.
Nach seiner Festnahme wurde Peter Menzel in eine Einzelzelle verlegt und für mehrere Wochen in Isolation gehalten. Die Wachen befragten ihn tagelang, um herauszufinden, ob er mit anderen Insassen zusammengearbeitet hatte oder ob weitere Fluchtversuche geplant waren. Seine Flucht hatte erneut ein Zeichen gesetzt, doch die Sicherheitsmaßnahmen wurden weiter verstärkt. Der Innenhof wurde zusätzlich mit Gittern abgesichert, und die Wartungsluke zum Versorgungshaus verschlossen und verschweißt.
Die Geschichte von Menzels Versuch, dem strengen Regime der Haftanstalt Neustrelitz zu

entkommen, wurde unter den Gefangenen rasch zum Symbol für Widerstand – und zur Warnung.

Kapitel 3: Der Fluchtversuch von Karl Drews, 1957

1957 waren die Schatten des Kalten Krieges in Neustrelitz unübersehbar. Die Mauern der Untersuchungshaftanstalt standen wie ein Mahnmal der politischen Kontrolle, das besonders nach den gescheiterten Fluchtversuchen von Jacob Holden und Peter Menzel weiter verstärkt worden war. Die Anlage war nun besser gesichert: zusätzliche Wachtürme, strengeres Wachpersonal und eine neue Hundestaffel, die rund um die Uhr patrouillierte. Doch der Druck der Isolation und die Hoffnung auf Freiheit trieben weiterhin Insassen dazu, das Unmögliche zu wagen.

Karl Drews, ein ehemaliger Lehrer aus Prenzlau, war in den Strukturen der DDR angeeckt, weil er seinen Schülern eine vermeintlich „westliche" Weltsicht nahegebracht hatte. Seine kritischen Gedanken und die Ermutigung zur freien Meinungsäußerung machten ihn verdächtig, und die Stasi war nicht lange zimperlich. Er wurde verhaftet und in die Untersuchungshaftanstalt Neustrelitz überstellt, wo er von anderen politischen Gefangenen getrennt wurde. Der Geist des Widerstands lebte jedoch in ihm, und der Gedanke an Flucht ließ ihn nicht los.

Drews war sich der gescheiterten Fluchtversuche anderer bewusst, doch anders als Holden und Menzel plante er eine geduldigere, unauffälligere

Methode. Er arbeitete wochenlang daran, das Vertrauen des Wachpersonals zu gewinnen. Er meldete sich freiwillig zur Küchenarbeit, ein Bereich der Anstalt, der von weniger scharfer Überwachung geprägt war. Seine höfliche und unauffällige Art machten ihn bei den Wachen beliebt; er galt als ruhig, ein Häftling, der „verstand, warum er hier war". Genau diese Position wollte Drews nutzen.
Die Küchenbereiche lagen nah an einem Versorgungsausgang, der im Keller der Anstalt lag und durch den gelegentlich Lebensmittelanlieferungen und Müllentsorgung stattfanden. Der Versorgungsausgang war verschlossen und wurde nur selten geöffnet, doch Drews bemerkte, dass die Tür manchmal für die Lieferanten offengelassen wurde. An einem frostigen Dezemberabend, als das Personal der Anstalt abgelenkt war und sich auf die bevorstehenden Feiertage vorbereitete, begann er, seinen Plan in die Tat umzusetzen.
Während der letzten Schicht in der Küche gelang es ihm, unbemerkt eine kleine Metallfeile zu sichern, die er in der Vorratskammer versteckte. Diese Feile wollte er nutzen, um das einfache Schloss an der Kellerverriegelung zu manipulieren und sich den Weg nach draußen zu bahnen. Mehrere Nächte lang wartete Drews auf den idealen Moment, lauschte auf die Routinen der Wachen und auf den Moment, in dem die Patrouillen für einige Minuten unterbrochen wurden.
Sein Augenblick kam am 20. Dezember. Die Nacht war bitterkalt, die Luft im Keller

abgestanden, und die Geräusche der Wachhunde, die im Innenhof patrouillierten, hallten durch die Wände. Drews schlich sich in den Keller und begann mit der Feile an dem Schloss zu arbeiten. Der kalte Metallgriff der Feile schnitt in seine Finger, doch er arbeitete ruhig und methodisch, ein Geduldsspiel, das er nur gewinnen konnte.
Nach mehreren Minuten hörte er ein leises Klicken – das Schloss war offen. Doch kaum hatte er den Riegel gelöst und die Tür einen Spalt breit geöffnet, bemerkte er ein Licht von der anderen Seite des Hofes. Ein Wachmann kam näher, die Taschenlampe in seiner Hand leuchtete in alle Richtungen. Drews duckte sich in die Ecke, presste sich gegen die Wand und hoffte, dass das Flackern des Lichtkegels ihn nicht erreichte. Doch das Schicksal wollte es anders: Ein klirrendes Geräusch von draußen – vielleicht ein heruntergefallener Stein oder ein lautes Tapsen der Hunde – ließ den Wachmann alarmiert werden. Er drehte sich in die Richtung des Kellerzugangs, sein Licht wanderte über die Wand und blieb auf der nur einen Spalt weit geöffneten Tür stehen. Der Wachmann zögerte einen Augenblick, dann funkelte Entschlossenheit in seinem Blick, und er öffnete die Tür vollständig. Drews sprang auf, doch der Wachmann rief sofort Verstärkung. Die anderen Wachen kamen binnen Sekunden herbeigeeilt, und Karl Drews, in dem Moment der Freiheit noch so nah, war umringt. Er wurde festgehalten, zur Rückseite der Anstalt gebracht und in eine der kältesten Zellen des Gebäudes geworfen. Der Misserfolg seines

Fluchtversuchs wog schwer auf ihm, doch er gab keine Anzeichen von Reue oder Niedergeschlagenheit preis.
Die folgenden Wochen waren geprägt von intensiven Verhören und verschärften Haftbedingungen. Drews wurde in völlige Isolation versetzt, durfte weder Besuch noch Lesematerial erhalten, und die wenigen Augenblicke im Freien waren von schwerer Überwachung begleitet. Die Wachen zeigten keine Gnade, da sein Versuch als gefährlicher Akt der Rebellion gesehen wurde, besonders angesichts der politischen Spannungen jener Jahre.
Karl Drews' Versuch, sich in die Freiheit zu kämpfen, zeigte erneut die eiserne Entschlossenheit, die in den Insassen der Untersuchungshaftanstalt Neustrelitz lebte. Sein Fluchtversuch, von vielen als „kühner Wintertraum" beschrieben, weckte auch bei den anderen Gefangenen Hoffnung, selbst wenn die Aussicht auf Erfolg gering schien. Die Wachen verschärften erneut die Überwachung in der Anstalt, und doch lebte der Gedanke an Freiheit weiter – in Flüstern, die selbst in den kalten Zellen nicht zum Verstummen kamen.

Kapitel 4: Der Ausbruchsversuch von Heinz Ludewig, 1961

Im Jahr 1961, mitten in der Hochphase des Kalten Krieges, war das Gefängnis in Neustrelitz ein stark bewachtes, unnachgiebiges Bauwerk, das als Bollwerk der politischen Kontrolle diente. Die Eskalation zwischen Ost und West hatte die Sicherheitsmaßnahmen in allen DDR-Haftanstalten verschärft, besonders in solchen, die wie Neustrelitz zur Inhaftierung politischer Gefangener genutzt wurden.

Heinz Ludewig, ein 27-jähriger Fabrikarbeiter aus Berlin, war ein neuer Gefangener dieser Anstalt. Er hatte mit einer kleinen Gruppe Gleichgesinnter Fluchtpläne in die Bundesrepublik geschmiedet und war wegen seiner Nähe zu einem mutmaßlichen Fluchthelfer ins Visier der Stasi geraten. Nach seiner Verhaftung wurde er nach Neustrelitz überstellt, wo die Isolation und ständige Überwachung ihm zunehmend zusetzten. Doch Ludewig war entschlossen, die Kälte und Strenge der Haftanstalt zu überwinden. Seine Gedanken waren von der Hoffnung auf Freiheit durchzogen, und er begann, einen Ausbruchsplan zu entwickeln.

Anders als die früheren Fluchtversuche, die teils auf improvisierte Werkzeuge und abgelenkte Wachen setzten, plante Ludewig mit einer Methode, die durch Geduld und genaue Beobachtung der Abläufe geprägt war. Er bemerkte, dass die Müllabfuhr jeden Dienstag die Küchenabfälle und sonstigen Unrat abtransportierte und für wenige Minuten das Tor zum Innenhof offenstand, um die Mülltonnen aus dem Gebäude zu rollen. Diese Lücke in der Überwachung war winzig, und er wusste, dass ein einziger Fehler das Ende seines Plans bedeuten würde. Aber sie war vorhanden – und das war alles, was Ludewig brauchte.

In den Wochen, die folgten, achtete er penibel auf die Zeitpunkte und Handlungen der Wachen, speziell an den Dienstagen. Er sah, dass die Müllmänner regelmäßig von zwei Wachen begleitet wurden, die aber ihre Wachsamkeit für einen Augenblick verloren, wenn sie die Tonnen einluden. Ludewig begann, die Gänge bis zum Innenhof genau zu studieren, und in den Pausen zwischen den Hofgängen, die in Neustrelitz routinemäßig in den Keller führten, schaffte er es, eine kleine Lücke im Lüftungsgitter auf dem Flur zu lösen, in der er eine improvisierte Verkleidung für sich deponierte: alte, verschlissene Arbeiterkleidung, die er aus der Wäscherei „ausgeliehen" hatte.

Am Dienstag, dem 8. August 1961, kam seine Gelegenheit. Das Wetter war schwül und regnerisch, und der Schlamm machte die Sicht auf den Hof trüb und schlecht beleuchtet. Ludewig schlich in der üblichen Arbeitskleidung der Müllmänner, die ihm in diesem Augenblick eine bessere Tarnung verschaffte als jede Verkleidung, durch die Gänge und setzte sich direkt neben die Mülltonnen, so unauffällig wie möglich. Er wartete angespannt und blickte auf die Wachen, die von der Routine abgelenkt zu sein schienen.

Im richtigen Moment, als die Wachen kurz wegschauten, zog Ludewig seinen improvisierten „Müllmannmantel" über und folgte den Mülltonnen langsam in Richtung Ausgang. Die Stille und das gleichmäßige Rattern der Tonne auf dem Kopfsteinpflaster schienen seine Schritte zu verbergen. Er war bereits am Tor angelangt, als einer der Wachen auf die ungewöhnliche, zusätzliche Person in der Gruppe aufmerksam wurde und rief: „Hey! Warten Sie mal – wer sind Sie?"

Ludewig blieb stehen, der Schweiß lief ihm in den Nacken, aber er drehte sich nicht um. Stattdessen beschleunigte er seinen Schritt, stieß die Tonne leicht an, sodass sie kippte und den Müll ausgoss, was ihm den Bruchteil einer Sekunde verschaffte, den er für den Versuch der Flucht brauchte. Doch noch bevor er das Tor erreichen konnte, waren die Wachen über ihm und packten ihn, rissen ihn zu Boden und umringten ihn mit harten Griffen.

Ludewigs Fluchtversuch scheiterte, doch seine Entschlossenheit blieb unauslöschlich. Nach seiner Verhaftung wurde er erneut befragt, und seine Bedingungen verschlechterten sich. Die Wachen ordneten an, dass jeder Mülltransport ab sofort mit verschärfter Überwachung erfolgte, und alle Schlupfwinkel im Keller und den Fluren wurden erneut inspiziert und verstärkt gesichert. Die Insassen der Anstalt, die von Ludewigs Versuch erfahren hatten, flüsterten über seinen Mut. Viele hielten ihn für einen Narren, aber manche bewunderten ihn still für seinen Einfallsreichtum und die Geduld, die er aufgebracht hatte. Seine Geschichte blieb unter den Häftlingen bestehen und wurde ein Symbol für den Traum, selbst den engmaschigen Kontrollen des Stasi-Gefängnisses ein Schnippchen zu schlagen und einen Hauch der Freiheit zu spüren, die ihnen verwehrt blieb.

Kapitel 5: Der Fluchtversuch von Wilhelm „Willi“ Meyer, 1964

1964 war das politische Klima in der DDR angespannter denn je. Die Untersuchungshaftanstalt in Neustrelitz stand weiterhin unter scharfer Überwachung und diente als ein wichtiger Knotenpunkt für die Inhaftierung und Verhörung politischer Gefangener. In diesem Jahr jedoch war die Anstalt durch ein wachsendes Misstrauen geprägt: Meldungen von geheimen Fluchtversuchen und Widerstandsaktivitäten machten die Wachen zunehmend nervös.
Wilhelm Meyer, besser bekannt als „Willi“, war ein 35-jähriger Elektriker aus Magdeburg, der wegen Verdachts auf „staatsfeindliche Hetze“ inhaftiert war. Er galt als gewitzt und einfallsreich, eine Persönlichkeit, die stets mit einem scharfen Blick für die Schwächen und Lücken in technischen Anlagen arbeitete. Meyer wusste, dass die Chancen auf einen Fluchtversuch gering waren, doch seine technischen Kenntnisse weckten in ihm eine Idee, die im Gefängnis zu einem Flüstern von Hoffnung werden sollte.
Während der ersten Wochen seiner Haft bemerkte Meyer, dass die Stromversorgung der Anstalt über mehrere ältere Leitungen lief, die über das Gelände verliefen und in einem kleinen Schuppen neben dem Hauptgebäude endeten. Meyer wusste, dass jeder Eingriff in diese Leitungen bemerkt werden würde – die Lichter oder Kameras könnten ausfallen, was sofort Alarm auslösen würde. Doch er erkannte eine

alternative Möglichkeit: Er könnte die Elektrik nicht nur zur Tarnung nutzen, sondern auch zur Störung der Überwachung.
Meyer begann, sich vorsichtig kleine Metallteile und Drähte aus der Werkstatt zu besorgen. Während er weiterhin als unauffälliger Häftling galt, arbeitete er in den stillen Stunden heimlich daran, eine einfache Kurzschlussanlage zu basteln, die den Hauptstromkreis der Anlage kurzzeitig unterbrechen könnte. Ein solches Manöver würde nur wenige Sekunden lang anhalten, doch genau dieser Moment könnte ihm ermöglichen, die Überwachung zu umgehen und sich durch die Korridore in Richtung des Werkstattausgangs zu schleichen.
Am 15. Juni 1964, in einer regnerischen Nacht, sah Meyer seine Gelegenheit gekommen. Die Wachen waren beschäftigt, denn an diesem Abend wurde das Gelände inspiziert, und eine routinemäßige Patrouille sorgte für kurze Abwesenheiten in bestimmten Bereichen. Meyer wusste, dass er an diesem Tag kaum einen besseren Moment finden würde.
Mit gezielten Handgriffen platzierte er seine improvisierte Kurzschlussanlage an der Stromleitung, die zum Innenhof führte, und drückte den Schalter. Ein Funken sprang, und die Lichter im gesamten Innenhof flackerten. Die Wachen waren sofort alarmiert und begannen hektisch, ihre Positionen zu überprüfen, doch in der Dunkelheit und dem Regen nutzte Meyer den Moment, um aus dem Schuppen zu schlüpfen und in Richtung eines alten Lagerschuppens zu

rennen, den er zuvor als potenziellen Unterschlupf ausgewählt hatte.
Doch seine Flucht blieb nicht unbemerkt. Die Lichter gingen wieder an, und ein Wachmann, der Meyers Bewegung durch das plötzliche Aufblitzen seiner Silhouette im Lichtschein bemerkte, rief nach Verstärkung. Die übrigen Wachen eilten zum Schuppen und umstellten ihn, während Meyer verzweifelt nach einem Ausweg suchte. Doch das einzige Fenster war mit rostigen Metallstangen gesichert, und die einzige Tür blockiert. Die Wachen brachen schließlich ein und nahmen ihn fest.
Meyer wurde in eine abgelegene Einzelzelle gebracht, wo er tagelang verhört und schließlich in eine striktere Überwachungseinheit der Anstalt verlegt wurde. Die technischen Vorräte im Werkstattbereich wurden nach dem Vorfall stark reduziert, und keine Metallteile oder Drähte wurden mehr an Häftlinge ausgegeben. Der Vorfall sorgte für Unruhe unter den Insassen – Meyers gerissener Plan, die Technik gegen das System zu wenden, wurde zum Symbol für die subtilen, aber starken Versuche, die Repression zu brechen.
Die Geschichte von Wilhelm Meyer verbreitete sich unter den Gefangenen. Viele sprachen im Flüsterton über den „Techniker", der das System herausgefordert hatte. Obwohl sein Versuch gescheitert war, bewies er, dass der Geist des Widerstands selbst in der strengsten Überwachung nicht gebrochen werden konnte. Meyer wurde zur Legende – und seine Geschichte erinnerte die Insassen daran, dass

das Streben nach Freiheit trotz aller Mauern und Sicherheitsmaßnahmen nie vollständig erstickt werden konnte.

Kapitel 6: Der Ausbruchsversuch von Günter Richter, 1968

Im Jahr 1968, während der politischen Unruhen in Europa und den immer schärfer werdenden Spannungen zwischen Ost und West, war das Stasi-Gefängnis in Neustrelitz ein Spiegelbild der harten Hand der DDR-Regierung. In diesen Mauern saßen jene ein, die als potenzielle Bedrohung für die ideologische Stabilität der DDR galten – Dissidenten, Künstler, Journalisten und mutige Arbeiter, die sich gegen die drakonischen Regeln aufgelehnt hatten. Einer dieser Insassen war Günter Richter, ein 29-jähriger Zimmermann aus Dresden, der für seine regimekritische Haltung inhaftiert worden war, nachdem er in einer lokalen Gruppe junger Arbeiter laut über die Ungerechtigkeit des Regimes gesprochen hatte. Richter war kein Mann der Verzweiflung, sondern ein geschickter, geduldiger Planer. Anders als viele andere Insassen hatte er körperliche Stärke und Geschicklichkeit auf seiner Seite – Attribute, die er bei einem Fluchtversuch zu seinem Vorteil nutzen wollte. Schon in den ersten Wochen seiner Haft hatte er die Überwachungssysteme und die täglichen Abläufe im Gefängnis genau beobachtet. Er wusste, dass die Wachen aufmerksam waren, doch die meisten Wachroutinen im Innenhof und auf den Korridoren folgten festen Abläufen, die ein Muster ergaben. Nach und nach sammelte er Informationen, bis er einen nahezu perfekten Plan zur Flucht ausarbeiten konnte.

Der entscheidende Moment kam, als Richter in die Werkstatt der Anstalt versetzt wurde, in der Insassen einfache Möbelstücke und Handwerksarbeiten anfertigten. Er hatte von einem weiteren Häftling erfahren, dass die Fenster der Werkstatt mit schweren Gittern versehen waren, aber in den oberen Ecken des Raumes ein kleiner Lüftungsschacht existierte, der zwar eng, aber für einen entschlossenen Mann von seiner Größe passierbar sein könnte. Der Schacht führte in einen alten Versorgungstunnel unter dem Gebäude, der angeblich bis zur äußeren Anstaltsmauer reichte.

Tag für Tag bereitete sich Richter in der Werkstatt vor. Er arbeitete sich vorsichtig an das Lüftungsgitter heran, ohne Aufmerksamkeit zu erregen, und begann, kleine Teile des alten Metallgitters zu lockern, indem er die Schrauben unauffällig über mehrere Tage hinweg löste. Dies war ein gefährliches Unterfangen – ein plötzlicher Lärm oder ein verdächtiges Verhalten würde sofort Aufmerksamkeit erregen. Doch Richter nutzte seine Erfahrung als Zimmermann, um das Gitter mit einer Präzision zu lockern, die seine Flucht unbemerkt ermöglichte.

Der Tag des Fluchtversuchs kam, als ein Abendgewitter über Neustrelitz aufzog und die Gänge der Anstalt in schummriges Licht tauchte. Das Gewitter bot die ideale Tarnung, denn das Rauschen des Regens und das gelegentliche Grollen des Donners überdeckten Geräusche, die die Wachen sonst möglicherweise bemerkt hätten. An diesem Abend war Richter unter Vorwand in der Werkstatt geblieben, um noch

„unvollendete Arbeiten" abzuschließen. Als die Glocke der Anstalt die nächtliche Stunde markierte und die Lichter im Innenhof gedämpft wurden, zog er das gelockerte Gitter vorsichtig zur Seite.
Durch das Lüftungsloch hindurch konnte er das enge, dunkle Innere des Versorgungsschachts erkennen. Der Schacht war eng und feucht, die Wände bestanden aus Beton und rostigem Metall, doch er zwängte sich vorsichtig hinein und begann seinen Weg durch das dunkle Labyrinth. Seine Hände ertasteten das kalte, rissige Mauerwerk, und seine Knie schrammten an den rauen Betonwänden entlang. Jeder Meter des Schachts brachte ihn weiter weg von der Werkstatt und näher an die äußeren Grenzen der Anstalt.
Doch als Richter den ersten Tunnelabschnitt fast überwunden hatte, hörte er Stimmen und Schritte, die in den Keller drangen. Die Wachen hatten möglicherweise seine Abwesenheit bemerkt. Richter beschleunigte seinen Schritt, doch der Schacht wurde zunehmend enger, und er spürte, wie seine Muskeln vor Anstrengung zitterten. Schließlich erreichte er den Zugang zu einem alten Versorgungstunnel, der als Abfluss für Regenwasser genutzt wurde. Das Wasser rauschte über den Betonboden, und Richter musste sich bücken, um nicht mit dem Kopf an die niedrige Decke zu stoßen.
Er tastete sich im Dunkeln voran, bis er an eine schwer verriegelte Metalltür gelangte. Diese Tür war seine letzte Hürde. Er hatte aus der Werkstatt ein Stück Stahl mitgenommen, das ihm als

improvisierter Hebel diente, und begann, den alten, verrosteten Riegel zu lösen. Das Geräusch des Metalls knirschte, und für einen Moment hielt er den Atem an, doch das Gewitter über der Anstalt übertönte den Lärm.
Als der Riegel endlich nachgab, öffnete sich die Tür nach draußen – direkt in einen entlegenen Teil des Gefängnisgeländes. Richter kauerte sich hin und versuchte, die Umgebung zu erfassen. Der Regen prasselte laut auf die Pflastersteine, und die Wachtürme waren durch das dichte Nass und die Dunkelheit nur schwer zu erkennen. Es war sein einziger Moment, und er wusste, dass er handeln musste. Er begann in Richtung des äußeren Zauns zu rennen, doch noch bevor er die halbe Strecke zurückgelegt hatte, erfasste ein greller Lichtkegel ihn in der Dunkelheit.
Ein Wachmann hatte ihn bemerkt. Richter warf sich in den Matsch und versuchte, im Schatten zu verharren, doch die Wachhunde hatten bereits auf sein ungeschicktes Manöver reagiert und stürzten sich auf ihn. Die Wachen waren sofort zur Stelle, und nach wenigen Augenblicken wurde er festgenommen und zurück in die Zelle gebracht, nass und entkräftet, der Freiheit erneut beraubt.
Richters Fluchtversuch sorgte in den folgenden Wochen für erhebliche Unruhe in der Anstalt. Die Schachtzugänge und Versorgungstunnel wurden verstärkt und mit zusätzlichen Gitterverschlüssen gesichert, und in der Werkstatt wurden strengere Überwachungsmaßnahmen eingeführt. Die Insassen sprachen über Richters Versuch wie von einem vergessenen Traum – ein Mann, der die Dunkelheit der Tunnel durchwandert hatte, nur

um von der kalten Realität wieder eingeholt zu werden.
Für viele Häftlinge blieb Richter ein Symbol für die unerschütterliche Entschlossenheit, die sie selbst hegten, selbst wenn die Mauern und Gitter ihrer Hoffnung die Luft nahmen. Er wurde zur Legende, eine stumme Erinnerung daran, dass in jedem Winkel und jedem dunklen Schacht der Anstalt die Sehnsucht nach Freiheit verborgen lag – ein Gedanke, der auch den härtesten Beton nicht brechen konnte.

Kapitel 7: Der Ausbruchsversuch von Manfred Thiel, 1971

1971 war ein Jahr des inneren Wandels in der DDR. Offiziell rühmte sich die Regierung, die „soziale Sicherheit" und den Schutz des Arbeiter- und Bauernstaates zu gewährleisten, doch das misstrauische Regime verschärfte gleichzeitig die Kontrolle und Überwachung in den Gefängnissen, besonders in Neustrelitz. Neue Technologien wurden in die Anstalt integriert, und die regelmäßigen Sicherheitsüberprüfungen wurden verschärft, um weitere Fluchtversuche zu verhindern. In dieser Atmosphäre von wachsamer Kontrolle und drückender Stille lebte Manfred Thiel, ein ehemaliger Fernmeldetechniker aus Leipzig.
Thiel war ein Mann mit einem analytischen Geist, jemand, der es gewohnt war, Systeme und Geräte zu verstehen und Lücken aufzuspüren. Er war inhaftiert worden, weil er im Verdacht stand,

geheime Informationen an Verwandte in der Bundesrepublik weitergeleitet zu haben. Doch anstatt zu resignieren, fasste Thiel bereits in den ersten Wochen seiner Haft in Neustrelitz den Entschluss, einen Fluchtversuch zu wagen. Mit einem klugen Plan und präzisen Beobachtungen wollte er die dichte Überwachung umgehen, um in die Freiheit zu gelangen.

Durch seine technischen Kenntnisse erkannte Thiel rasch, dass das neu installierte Überwachungssystem der Anstalt Schwachstellen aufwies. Die neuen Kameras deckten die Innenhöfe und Hauptflure ab, doch der südliche Bereich des Gefängnisses war nur durch gelegentliche Wachgänge und vereinzelte Scheinwerfer gesichert. Besonders bemerkte er eine technische Eigenheit: Die Kameras der Anstalt waren in einem Netzwerk verbunden, das bei einem Ausfall eine „Reset"-Funktion aktivierte. Ein kurzer Stromausfall würde das gesamte System für einige Minuten deaktivieren, bis es neu startete – eine Information, die sich Thiel zunutze machen wollte.

In den folgenden Wochen begann Thiel, unauffällig Informationen zu sammeln und kleine Vorbereitungen zu treffen. Da er in der Schreinerei der Anstalt arbeitete, konnte er unbemerkt kleine Gegenstände beiseitelegen: ein Stück Draht hier, ein kleines Metallstück dort. Er baute sich heimlich ein simples Werkzeug zusammen, das er nutzen wollte, um den Stromkreis in einem der Sicherungskästen zu unterbrechen.

Der Tag seines Fluchtversuchs kam an einem regnerischen Herbstabend, als das Wetter die Sicht der Wachen im Innenhof beeinträchtigte. Die Wachen gingen ihren üblichen Patrouillen nach, und die Kameras schwenkten mechanisch von links nach rechts, den Hof im ständigen Blick haltend. Thiel wusste, dass der Moment seines Eingreifens präzise getaktet sein musste: ein falscher Handgriff, und der Plan wäre hinfällig. Kurz nach 23 Uhr machte er sich in einem unbeobachteten Moment auf den Weg zum Sicherungskasten, den er in einer vorherigen Schicht vorsichtig manipuliert hatte, um Zugang zu erhalten.

Mit schnellen Bewegungen setzte er sein improvisiertes Werkzeug an, und mit einem Ruck blockierte er den Stromkreis. Die Kameras erloschen für einen Moment, und das Licht im südlichen Hof flackerte und ging aus. Für die Wachen mochte es wie eine normale Stromstörung wirken, doch Thiel wusste, dass er jetzt nur wenige Minuten hatte. Mit einem Sprint überquerte er den Hof und kletterte auf eine alte Holzkiste, die in der Nähe der südlichen Mauer stand. Diese Kiste war für Abfälle der Schreinerei bestimmt und stand direkt unterhalb eines Spalts in der Mauer, der durch jahrelangen Verfall entstanden war.

Er zog sich mit aller Kraft an den Vorsprung und spürte das kühle Mauerwerk unter seinen Händen. Seine Finger verkrampften sich, doch er wusste, dass jeder Sekundenbruchteil entscheidend war. Er schob sich durch den Spalt und konnte nun die andere Seite der Mauer überblicken. Jenseits der Mauer erstreckte sich ein dichter, feuchter Wald, der im Mondlicht wie ein geheimnisvoller Schleier auf ihn wartete. Thiel atmete tief durch und ließ sich langsam an der Mauer herab.

Kaum hatte er den Boden erreicht, als das Licht im Innenhof wieder aufleuchtete und die Kameras surrend ihren Betrieb aufnahmen. Die Wachen bemerkten das Flimmern und riefen sofort Verstärkung. Einige Wachen eilten zum südlichen Abschnitt des Hofes, wo sie die hölzerne Kiste und den offenen Spalt entdeckten. Sofort wurden die Wachhunde losgelassen, und das Heulen der Sirenen durchbrach die Nacht. Thiel rannte so schnell er konnte in den Wald hinein, doch das Dickicht machte es ihm schwer, das Tempo zu halten. Seine Kleidung blieb an Zweigen hängen, und seine Hände waren bereits blutig von den schroffen Kanten der Mauer. Das Heulen der Hunde kam näher, und in der Ferne sah er das Licht der Taschenlampen, die durch die Bäume huschten. Die Sekunden vergingen wie Stunden, während er sich durch das Unterholz kämpfte und versuchte, die Verfolger abzuschütteln.

Schließlich, nach einer endlosen Hetzjagd, wurde er von den Hunden gestellt. Die Wachen packten ihn mit rauem Griff und brachten ihn zurück zur Anstalt. Thiel war erschöpft und kraftlos, und die Freiheit, die für einen kurzen Augenblick greifbar nahe gewesen war, entglitt ihm in diesem Moment endgültig.

Die Konsequenzen seines Fluchtversuchs waren für die gesamte Anstalt spürbar. Nach der

Festnahme wurden die Sicherheitsvorkehrungen im südlichen Bereich drastisch erhöht: Die Kiste für Abfälle wurde entfernt, der Spalt in der Mauer verschlossen und zusätzliche Überwachungskameras installiert, um sicherzustellen, dass kein Häftling jemals wieder die technischen Systeme manipulieren konnte. Unter den Insassen sprach man von Thiels Versuch wie von einem fast geglückten Meisterwerk. Der Plan, das Überwachungssystem mit einem Stromausfall zu überlisten, zeugte von Einfallsreichtum und Mut, selbst wenn der Erfolg letztlich ausblieb. Thiels Geschichte wurde zum Inbegriff der unbezwingbaren Hoffnung auf Freiheit, die in den Herzen aller Insassen weiterlebte. Die Erinnerungen an sein Fluchtmanöver blieben – ein flüchtiger Moment der Hoffnung, der zeigte, dass sogar in der Welt der Gitter und Stacheldrähte der Traum von Freiheit nie ganz ausgelöscht werden konnte.

Kapitel 8: Der Ausbruchsversuch von Klaus Berger, 1974

Im Jahr 1974 war die DDR in eine Phase strenger politischer Kontrolle eingetreten, und das Gefängnis in Neustrelitz spiegelte diese Entwicklungen in all seinen Abläufen wider. Die Haftanstalt war inzwischen mit einer Mischung aus neuester Technologie und altmodischer, roher Kontrolle ausgestattet. Gefangene wie Klaus Berger, ein ehemaliger Journalist aus Schwerin, wurden zu Symbolfiguren des Widerstands gegen das Regime. Berger, der inhaftiert worden war, weil er regierungskritische Artikel verfasst hatte, war ein scharfsinniger, ruhiger Mann mit einem Hang zur Taktik und dem Auge eines Beobachters. Seit seiner Einlieferung in Neustrelitz plante er systematisch seinen Fluchtversuch.

Berger fiel auf, dass die technischen Neuerungen auch Schwachstellen hatten. Die Gitter der Zellenfenster waren seit der letzten Renovierung 1970 erneuert worden, aber er bemerkte, dass die Scharniere bei einigen Fenstern durch die hohe Luftfeuchtigkeit anfingen, leicht zu rosten. Der entscheidende Impuls kam, als Berger eines Nachts einen kleinen Schraubenschlüssel in der Werkstatt fand, den ein Wachmann versehentlich hatte liegen lassen. Er nutzte diese Gelegenheit, um das Werkzeug unauffällig in seine Zelle zu schmuggeln.

In den folgenden Wochen begann Berger vorsichtig, die Schrauben des Gitters seines Zellenfensters zu lockern – Stück für Stück, immer

nur eine halbe Umdrehung pro Nacht. Er war sich bewusst, dass die Wachen den geringsten Hinweis auf seine Aktivitäten sofort bemerken würden, daher ging er mit äußerster Vorsicht vor. Es dauerte fast einen Monat, bis das Gitter so weit gelockert war, dass es entfernt werden konnte, ohne dass die Schrauben den Anschein eines Eingriffs erweckten. Sein Plan war es, in einer besonders regnerischen Nacht durch das Fenster zu entkommen, wenn die Sicht im Innenhof schlecht und die Wachpatrouillen auf ihre festgelegten Runden beschränkt waren.
Der Tag des Fluchtversuchs fiel auf eine kalte, nasse Oktobernacht. Die Straßenlampen auf dem Gelände flackerten im Regen, und die Mauern schienen sich im Schleier des Niederschlags in die Dunkelheit aufzulösen. Berger bereitete sich sorgfältig vor, zog die lockeren Schrauben vollständig heraus und hob das Gitter ab. Dann kletterte er vorsichtig durch das Fenster in den Innenhof.
Der Innenhof war leer, die wenigen Wachen suchten Schutz vor dem Regen in den überdachten Bereichen. Berger bewegte sich lautlos, geduckt an der Mauer entlang und nutzte den dunklen Schatten des Gebäudes, um sich in Richtung der Nordmauer zu schleichen, die an ein altes, verlassenes Lagerhaus angrenzte. Berger hatte bemerkt, dass der Bereich um das Lagerhaus nicht so stark beleuchtet war und nur selten von Wachen passiert wurde.
Der nächste Teil seines Plans war riskant: Er hatte aus Stoffresten, die er in der Werkstatt gesammelt

hatte, ein improvisiertes Seil gebastelt, das ihm helfen sollte, über die Mauer zu gelangen. Berger war sich bewusst, dass das Seil nur bedingt stabil war und möglicherweise nicht sein Gewicht tragen würde, doch es war seine einzige Möglichkeit. Er befestigte das Ende des Seils an einer rostigen Metallstange am Fuß der Mauer und begann langsam hinaufzuklettern.

Doch kaum hatte er die halbe Mauerhöhe erreicht, begann das Seil unter dem Regen glitschig zu werden, und die Knoten lockerten sich. Berger hielt kurz inne, versuchte, sein Gewicht zu verlagern und den Halt zu verstärken. Plötzlich spürte er ein Rucken, als sich der Knoten löste und das Seil unter ihm nachgab. Er verlor das Gleichgewicht und stürzte einige Meter in die Tiefe, landete hart auf dem nassen Pflaster des Hofes. Der Aufprall schmerzte und ließ ihn für einen Moment benommen zurück, doch er wusste, dass er keine Zeit hatte, um sich zu erholen.

Kaum war er zu sich gekommen, hörte er das Geräusch von Schritten und das laute Gebell eines Hundes, das über das Gefängnisgelände hallte. Die Wachen hatten sein Fenster bemerkt, und die Suche nach dem entflohenen Insassen hatte begonnen. Berger rappelte sich auf, spürte den Schmerz in seinem Bein, doch er zwang sich, weiterzulaufen. Er versuchte, im Schatten der Mauer zu bleiben und sich in Richtung des Lagers zu schleppen, das sein letzter Zufluchtsort war.

Doch die Wachen waren schnell, die Taschenlampen erfassten ihn, und die Hunde stürzten sich auf ihn. Noch bevor er das

Lagerhaus erreichen konnte, war er umringt und zu Boden gezwungen. Die Wachen brachten ihn unter strenger Bewachung zurück in die Zelle, und das losgerissene Seil, das an der Mauer baumelte, blieb als stummer Zeuge seines gescheiterten Fluchtversuchs zurück.
Die Konsequenzen seines Fluchtversuchs waren hart: Er wurde in Einzelhaft gebracht und seine Zelle verschärft überwacht. Die rostigen Gitter und alle Zugangspunkte zu Fenstern wurden verstärkt, und die Inspektionen durch das Wachpersonal wurden intensiviert. Dennoch verbreitete sich die Geschichte von Bergers waghalsigem Fluchtversuch unter den Insassen. Sein Mut und die Präzision seines Plans beeindruckten viele, und für einige wurde er zur Symbolfigur für den Widerstand gegen die rigiden Strukturen des Gefängnisses.
Obwohl Bergers Plan letztlich scheiterte, blieb seine Tat im Gedächtnis der anderen Häftlinge bestehen. Sein Versuch, trotz aller widrigen Umstände dem Regime zu entkommen, inspirierte andere zu träumen, zu planen und vielleicht eines Tages den gleichen Weg zu gehen. Die Geschichte seines Fluchtversuchs zeugte von der unermüdlichen Entschlossenheit, die Freiheit zu suchen – ein Funke, der in den Mauern der Anstalt weiterglühte.

Kapitel 9: Der Fluchtversuch von Rolf Steiner, 1976

Im Jahr 1976 war das Stasi-Gefängnis in Neustrelitz stärker überwacht und gesichert als je zuvor. Zahlreiche Ausbruchsversuche der letzten Jahre hatten das Sicherheitssystem der Haftanstalt stetig verschärft. Die Wachen waren misstrauisch und zunehmend unerbittlich, jede noch so kleine Abweichung vom üblichen Tagesablauf wurde streng geahndet. Doch Rolf Steiner, ein 42-jähriger Schlosser aus Rostock, war bereit, es trotzdem zu versuchen.

Steiner, ein Mann mit scharfem Blick und einem festen Willen, war wegen seiner offenen Kritik am Regime inhaftiert worden. Als Schlosser kannte er die Schwächen und Stärken von Metall, und während seiner Zeit in der Werkstatt bemerkte er, dass einige der älteren Sicherungsklappen an den Rohren der Heizungsanlage im Keller nicht vollständig verschweißt waren. Sein Plan begann zu reifen: Die Heizungsrohre führten durch den Keller bis hin zu einem Versorgungstunnel außerhalb des eigentlichen Gefängnisgebäudes, der nur gelegentlich kontrolliert wurde. Wenn er es schaffte, die Klappen zu öffnen und durch die Rohre zu kriechen, könnte er einen Weg in die Freiheit finden.

Rolf Steiner begann, jeden Tag winzige Vorbereitungen zu treffen. Er achtete darauf, dass ihm einige kleine Werkzeuge wie eine Zange und ein Schraubendreher in der Werkstatt zur Verfügung standen. Diese brachte er in seiner Kleidung in den Keller und versteckte sie geschickt hinter einer losen Fliese an der Wand.

Sein Plan war es, in einer kalten Nacht die Heizungsanlage absichtlich zu stören, um die Aufmerksamkeit der Wachen von seinem eigentlichen Vorhaben abzulenken.
In einer besonders frostigen Dezembernacht, als die Temperaturen weit unter den Gefrierpunkt sanken und der Schnee das Gelände um die Anstalt bedeckte, setzte Steiner seinen Plan in die Tat um. Er sabotierte das Heizungsrohr, das zur Wärmezufuhr der Zellen führte, indem er eine kleine Schraube löste und die Heizung damit blockierte. Die Wachen wurden schnell aufmerksam, als die Zellen zu kühlen begannen, und ein Techniker wurde gerufen, um den Schaden zu begutachten.
Diese Ablenkung verschaffte Steiner wertvolle Minuten. Als das Personal mit der Heizung beschäftigt war, schlich er sich in den Keller und löste die Sicherungsklappe am Hauptrohr. Die Hitze aus dem Rohr schien ihn fast zu verbrennen, doch Steiner ignorierte den Schmerz und kletterte hastig hinein. Der enge Raum und die drückende Hitze zwangen ihm Schweißausbrüche auf, und jeder Schritt war ein Kampf gegen die Enge und die stickige Luft im Rohr.
Er bewegte sich Zentimeter für Zentimeter durch das Netz der Heizungsrohre, sein Herz schlug schnell, und die Dunkelheit war allumfassend. Das Metall unter ihm knirschte und knarrte, und er wusste, dass jedes Geräusch ihn verraten könnte. Doch er war fest entschlossen, weiterzugehen.
Die wenigen Luftschächte, die ihn mit Sauerstoff versorgten, reichten kaum aus, und immer wieder

musste er innehalten, um nicht ohnmächtig zu werden.
Nach schier endloser Zeit erreichte er schließlich den Versorgungstunnel außerhalb des Gebäudes. Der Tunnel war kalt und feucht, doch die Freiheit lag greifbar nahe. Steiner atmete auf, doch kaum hatte er den nächsten Abschnitt des Tunnels erreicht, ertönte über ihm das Rauschen von Schritten und das helle Bellen der Hunde. Die Wachen hatten bemerkt, dass die Heizung nicht nur defekt war, sondern auch manipuliert worden war, und waren Steiner gefolgt. Die Hunde schossen durch den Eingang des Tunnels, und das Licht der Taschenlampen erfasste Steiners Fluchtweg.
Er hatte keine Wahl. Die Wachen stürzten sich auf ihn, packten ihn und zogen ihn zurück durch die verwinkelten Gänge des Tunnels und zurück in die düsteren Mauern der Anstalt. Die Flucht war misslungen, doch sein Versuch hatte erneut das Vertrauen der Wachen in die Sicherheitssysteme der Anstalt erschüttert.
Die Konsequenzen für Steiner waren hart. Er wurde wochenlang in Isolation gehalten und von der Werkstatt verbannt. Die Wachen installierten neue Sicherungen und ließen die Heizungsrohre verschweißen, sodass ein weiterer Fluchtversuch auf diese Weise unmöglich wurde. Auch andere Bereiche des Gefängnisses wurden überprüft, und die Kontrollen auf dem Gelände verstärkten sich weiter.
Unter den Insassen sprach man von Steiner als dem „Rohrkriecher" – eine Bezeichnung, die sowohl Respekt als auch Bewunderung

ausstrahlte. Sein Plan, durch die Heizungsrohre in die Freiheit zu gelangen, wurde zur Legende und inspirierte viele, die ansonsten die Hoffnung auf Freiheit aufgegeben hatten. Steiners Geschichte verbreitete sich, und sein Name wurde zu einem Symbol der unerschütterlichen Entschlossenheit. Auch wenn er selbst gescheitert war, hinterließ er einen Funken Hoffnung, der in den kalten und tristen Mauern der Anstalt nicht so leicht erlosch.

Kapitel 10: Der Ausbruchsversuch von Ernst Köhler, 1979

Im Jahr 1979 war das Gefängnis in Neustrelitz zu einer Festung geworden. Die letzten Fluchtversuche hatten das Vertrauen des Wachpersonals in die Sicherungssysteme erschüttert, und die Stasi verstärkte die Sicherheitsvorkehrungen weiter. Wachhunde patrouillierten rund um die Uhr, neue Kameras überwachten jeden Winkel, und die Insassen wurden bei jeder Bewegung beobachtet. Für Ernst Köhler, einen ehemaligen Ingenieur aus Ostberlin, bedeutete das jedoch nur eine neue Herausforderung.

Köhler war ein Mann der Logik und Präzision. In der Haft war er als ruhiger, bedachter Häftling bekannt, doch seine scharfe Beobachtungsgabe entging den Wachen. Er hatte die Anstalt bis ins Detail studiert und erkannte eine Möglichkeit zur Flucht, die ungewöhnlicher war als alles, was zuvor versucht worden war. Er hatte festgestellt, dass die Gefängniswäsche regelmäßig durch eine Reinigung in der Nähe gewaschen wurde. Die Säcke mit den Bettlaken und Uniformen der Häftlinge wurden jeden Donnerstag durch einen speziellen Tunnel in einen Transportwagen geladen, der das Gelände verließ, um die Wäsche zur Reinigung zu bringen.

Köhler begann, diesen Ablauf genau zu beobachten. Er wusste, dass die Wäsche transportiert wurde, ohne dass jeder Sack einzeln geprüft wurde, da die Wachen nur das Verschließen und Verladen überwachten. Es

dauerte Wochen, doch schließlich war er überzeugt, dass die einzige Schwachstelle im ansonsten unüberwindbaren System der Wäschetransport war. Sein Plan war riskant und erforderte Geduld und eine genaue Planung – er wollte sich in einem der Säcke verstecken und hoffen, dass der Transportwagen ihn ungesehen vom Gelände bringen würde.
In den Wochen vor seinem geplanten Ausbruch nutzte Köhler seine Zeit, um sich genau auf den Tag vorzubereiten. Er begann, bei jeder Gelegenheit kleine Mengen an Nahrung und Wasser zu sammeln, die er für die Stunden im Transportwagen benötigen würde. Jede seiner Bewegungen war vorsichtig kalkuliert, denn ein Fehler hätte ihn das Vertrauen und die wenige Freiheit gekostet, die ihm in der Anstalt noch blieb.
Am Donnerstag, dem 15. März 1979, war es soweit. Kurz vor dem Abtransport der Wäsche schlich sich Köhler in die Wäscherei, als die Wachen gerade abgelenkt waren. Mit schnellen Handgriffen öffnete er einen der großen Säcke, stopfte ihn mit einigen Laken aus, um seine Anwesenheit zu verschleiern, und kletterte hinein. Der Stoff umgab ihn wie eine klaustrophobische Hülle, und die Luft war stickig, doch Köhler blieb ruhig, hielt den Atem an und wartete.
Nach einigen Minuten hörte er das Klappern von Schritten und das Rattern eines Wagens, als die Säcke verladen wurden. Der Sack, in dem er sich versteckte, wurde mit einem Ruck angehoben und auf den Transportwagen geworfen. Köhler kämpfte gegen die Übelkeit an, die durch das

Schwanken und Ruckeln des Wagens entstand, und versuchte, sich so ruhig wie möglich zu verhalten. Der Wagen setzte sich in Bewegung, und das Geräusch des schweren Tors, das sich öffnete und schloss, hallte dumpf in seinen Ohren. Er wusste, dass er nun außerhalb des eigentlichen Gefängnisbereichs war.

Die Fahrt dauerte länger als er erwartet hatte, und die Luft im Sack wurde zunehmend dünner. Doch Köhler konzentrierte sich darauf, gleichmäßig zu atmen und sich auf den nächsten Schritt zu fokussieren. Er wusste, dass er eine kleine Chance hatte: Sobald der Wagen bei der Reinigung hielt und die Wäschesäcke abgeladen wurden, musste er unbemerkt entkommen. Die Säcke würden in der Regel auf einen kurzen Abstellbereich gestellt, bevor sie weiterverarbeitet wurden – dieser kurze Moment war seine einzige Möglichkeit zur Flucht.

Nach einer gefühlten Ewigkeit hielt der Wagen an. Köhler hörte Stimmen, als die Säcke abgeladen wurden, und spürte, wie er auf einen kalten Boden geworfen wurde. Er wartete, lauschte, und als sich die Stimmen entfernten, öffnete er vorsichtig den Sack und schob ihn beiseite. Die Luft draußen war kühl und frisch, und er atmete tief durch, bevor er sich aus dem Haufen von Wäsche emporhievte.

Er hatte jedoch nur wenige Sekunden, bevor ihn jemand bemerken würde. Mit einem raschen Blick erkannte er einen Seiteneingang zur Reinigung, der ins Freie führte. Köhler lief los, zog sich die Wäsche über den Kopf, um möglichst wenig Aufmerksamkeit zu erregen, und rannte

auf den Eingang zu. Sein Herz raste, und jeder Schritt fühlte sich an, als würde er direkt in die Freiheit führen. Doch kaum hatte er den Seiteneingang erreicht und wollte in eine nahegelegene Gasse flüchten, fiel das grelle Licht einer Taschenlampe auf ihn.
Einer der Mitarbeiter der Reinigung hatte ihn entdeckt und rief sofort nach Hilfe. Köhler wusste, dass sein Versuch zu scheitern drohte, doch er rannte weiter. Die Stimmen der Verfolger hallten hinter ihm her, und er spürte, wie ihm die Kraft allmählich ausging. Schließlich wurde er von einem der Wächter gepackt und zu Boden gerungen. Die Freiheit war zum Greifen nah gewesen, doch in den letzten Metern wurde ihm alles entrissen.
Nach seiner erneuten Festnahme wurde Köhler in die Anstalt zurückgebracht und streng verhört. Die Sicherheitsvorkehrungen für den Wäschetransport wurden drastisch verschärft – von nun an wurde jeder einzelne Sack vor der Verladung überprüft, und die Insassen durften den Zugang zur Wäscherei nur noch unter strengster Bewachung betreten. Die Wachen hatten aus Köhlers Fluchtversuch gelernt, doch die Geschichte seines mutigen und fast geglückten Plans verbreitete sich unter den Insassen wie ein Lauffeuer.
Für viele wurde Köhler zum Sinnbild des Durchhaltevermögens, eines Mannes, der es fast geschafft hatte, sich aus den Fesseln des Gefängnisses zu befreien. Seine Geschichte wurde zu einer Erzählung von Entschlossenheit und dem ungebrochenen Willen zur Freiheit – ein

leiser Widerstand, der in den Herzen der Häftlinge fortlebte und ihnen in den trostlosen Nächten der Haft einen Funken Hoffnung schenkte.

Kapitel 11: Der Ausbruchsversuch von Andreas Faber, 1981

1981 hatte sich das Gefängnis in Neustrelitz in eine Hochsicherheitszone verwandelt. Trotz der vergangenen Fluchtversuche und der verstärkten Überwachung lebte in den Insassen weiterhin die Hoffnung auf Freiheit – eine Hoffnung, die nur selten erlosch. Andreas Faber, ein 30-jähriger ehemaliger Schauspieler aus Berlin, war unter den Häftlingen bekannt für seinen Charme und seine Fähigkeit, Menschen zu lesen. Seine Inhaftierung war das Resultat seiner aufmüpfigen, regimekritischen Rolle in der Theaterszene, die ihm letztlich die Aufmerksamkeit der Stasi eingebracht hatte. Doch sein schauspielerisches Talent und seine Fähigkeit zur Manipulation sollten ihm im Gefängnis einen Vorteil verschaffen, wie er bald feststellte.

Faber wusste, dass die strengen Sicherheitsmaßnahmen und die routinierten Abläufe der Wachen jede herkömmliche Flucht vereitelten. Doch er bemerkte etwas, das den anderen Insassen bislang entgangen war: Einer der jüngeren Wachleute, Herr Becker, zeigte gelegentlich Interesse an ihm, warf ihm längere Blicke zu und sprach freundlicher mit ihm als mit den anderen Häftlingen. Faber, der schnell merkte, dass Becker eine gewisse Neigung zu ihm hatte, entschied, diesen Umstand für seine Flucht zu nutzen.

Über Wochen hinweg knüpfte Faber ein vorsichtiges Netz aus Gesprächsfetzen, beiläufigen Komplimenten und kurzen

Begegnungen, bei denen er Becker mehr Aufmerksamkeit schenkte, als es nötig gewesen wäre. Er sprach absichtlich über seine Theatervergangenheit und sein „freies Leben" in Berlin und bemerkte, wie Becker ihm zunehmend vertraute und sich in seiner Nähe entspannte. Es war klar, dass Becker – jung, unsicher und wohl einsam – für Fabers Charme empfänglich war. Schließlich, nachdem er genug Vertrauen aufgebaut hatte, schlug Faber einen riskanten Schritt vor. Eines Abends, als Becker Wache stand und das Gelände still war, schaffte es Faber, Becker in ein Gespräch zu verwickeln, das persönlichere, tiefere Themen berührte. Er sprach über Freiheit und die Bedeutung von Nähe und Verständnis, und Becker, den die Isolation der Haftanstalt offenbar bedrückte, öffnete sich ihm gegenüber. Die Gespräche zwischen den beiden wurden allmählich intimer, und es war klar, dass Becker sich immer mehr zu Faber hingezogen fühlte.

Faber schlug schließlich vor, sich heimlich nach Dienstschluss zu treffen. Er wusste, dass dies eine gefährliche Gratwanderung war, aber er war bereit, das Risiko einzugehen, da Becker möglicherweise eine Schwäche für ihn entwickelte. Becker, der nervös und unsicher war, zögerte, doch der Drang, eine echte Verbindung zu jemandem zu spüren, überwog schließlich seine Zweifel. Die beiden verabredeten sich in einem abgelegenen Teil der Anstalt, einem kleinen Lagerraum, der selten genutzt wurde und keine Überwachungskameras hatte.

In der Nacht ihres Treffens legte Faber all seinen Charme und sein schauspielerisches Talent in die Waagschale. Er wusste, dass er Becker nicht nur verzaubern, sondern auch überzeugen musste, ihm zur Flucht zu verhelfen. Sie unterhielten sich zunächst leise, und Faber ließ Becker fühlen, dass er ihn wirklich „verstand" und dass die Verbindung zwischen ihnen etwas Besonderes war. Schließlich sprach er von der Idee einer gemeinsamen Flucht, stellte sich ein Leben „weit weg" vor, und malte eine Szene von Freiheit und Abenteuern aus, die Becker in ihren Bann zog. Becker war hin- und hergerissen, die Angst vor den Konsequenzen war groß. Doch die Sehnsucht nach Freiheit und Nähe überwältigte ihn, und er stimmte zu, Faber zu helfen.
Gemeinsam schmiedeten sie einen Plan: Becker würde ihm die Zugangskarte zu einem gesicherten Korridor überlassen, den Faber nutzen könnte, um in einen Bereich zu gelangen, der außerhalb des Hauptgebäudes lag und nur von wenigen Wachen patrouilliert wurde. Becker würde an diesem Abend Dienst haben und sicherstellen, dass der Bereich unbewacht blieb.
In der Nacht des geplanten Ausbruchs setzte Faber alles auf eine Karte. Er erhielt von Becker die Zugangskarte, verabschiedete sich mit einem leichten, bedeutungsvollen Blick und begab sich durch die verschlossenen Gänge. Der Weg führte ihn durch mehrere Flure und vorbei an wenigen Kameras, die Becker vorher abgeschaltet hatte. Doch gerade als er sich der letzten Sicherheitstür näherte, vernahm er Schritte hinter sich. Ein anderer Wachmann, der von Becker nicht

einkalkuliert worden war, patrouillierte die hinteren Bereiche und entdeckte ihn, als er die Zugangskarte an die Tür hielt.
Der Wachmann rief sofort nach Verstärkung, und Becker, der sich in der Nähe befand, erkannte, dass der Fluchtversuch aufgeflogen war. Er starrte Faber an, die Fassade der Verliebtheit bröckelte in diesem Moment, und er wich zurück, als die Wachen herbeistürmten und Faber zu Boden drückten. Becker, der nun fürchtete, selbst entdeckt und belangt zu werden, gab sich alle Mühe, seine Beteiligung zu leugnen, und spielte den naiven Wachmann, der von Fabers Manipulation überrascht worden war.
Die Konsequenzen für Faber waren bitter. Er wurde in Einzelhaft gesteckt und immer wieder verhört, doch er verriet Becker nicht, vielleicht aus einer Spur von Respekt oder Schuldgefühl für den jungen Mann, den er ausgenutzt hatte.
Becker hingegen blieb auf seinem Posten, doch der Vorfall brachte ihm eine große Portion Misstrauen seitens seiner Kollegen ein. Auch wenn seine Beteiligung nie bewiesen werden konnte, wurde er von da an genauer beobachtet und in sicherheitssensiblen Bereichen eingesetzt.
Unter den Insassen wurde Fabers Geschichte zum Mythos – der Mann, der es gewagt hatte, die Mauern des Gefängnisses mit Charme und Manipulation zu überwinden. Seine Geschichte wurde zur Legende für jene, die glaubten, dass es immer einen Weg zur Freiheit gab, und zum Symbol dafür, dass selbst die härtesten Gitter nicht das Verlangen nach Freiheit brechen konnten.

Kapitel 12: Der Ausbruchsversuch von Walter "Willi" Kramer, 1984

Im Jahr 1984 herrschte in Neustrelitz eine Atmosphäre strikter Kontrolle und noch unerbittlicherer Überwachung. Das Gefängnis, das mittlerweile ein Symbol für die strenge DDR-Disziplin geworden war, erlebte immer wieder kleine und größere Widerstandsakte seitens der Insassen, die sich nach Freiheit sehnten. Walter „Willi" Kramer, ein 50-jähriger, ehemaliger Bauleiter und stiller, aber hartnäckiger Kritiker des Systems, war einer dieser Insassen. Kramer war bekannt für seinen unerschütterlichen Willen und seine Pragmatik. Er glaubte an die Bedeutung jedes kleinen Schrittes und daran, dass Freiheit oft einen langen Atem erforderte.

Kramer, der wegen seiner abfälligen Äußerungen über das DDR-Regime verhaftet worden war, war einer der älteren Gefangenen und hatte die Fluchtversuche seiner Mitinsassen aufmerksam verfolgt. Sein Blick fiel auf eine andere Methode: Während die bisherigen Ausbruchsversuche meist auf Ablenkungen und riskante Taktiken gesetzt hatten, erkannte Kramer eine Schwachstelle in der Routine und Schlichtheit des Gefängnisbetriebs – das Bausystem selbst.

Das alte Mauerwerk der Untersuchungshaftanstalt wies Schwächen auf, insbesondere an der hinteren Seite des Waschhauses, das vor Jahren noch ein kleiner Werkstattraum gewesen war. Dort führte eine Rissbildung in der Wand und ein Rostloch in einer alten Tür direkt zu einem schmalen

Versorgungskorridor, der wenig beleuchtet und selten betreten wurde. Über diesen Korridor führte ein alter Notausgang direkt in einen schmalen Grünstreifen, der zwischen den Gefängnismauern und dem benachbarten Wald lag.
Kramers Plan war es, die Schwächen im Mauerwerk zu seinem Vorteil zu nutzen, indem er Stück für Stück den Beton um den Riss herum bröckeln ließ, um eine kleine Öffnung zu erweitern. Tag für Tag bearbeitete er heimlich den Riss mit einem Metallstück, das er in der Werkstatt aufgelesen hatte. Er arbeitete langsam und vorsichtig, sodass das Mauerwerk äußerlich stabil wirkte, doch jeden Tag gelang es ihm, winzige Brocken herauszubrechen und den Zugang zu vergrößern.
Nach einigen Monaten war die Lücke groß genug, dass er sich hindurchquetschen konnte, und sein Fluchtplan nahm endgültig Gestalt an. In einer mondlosen Nacht im Oktober – an einem Abend, an dem er wusste, dass die Wachen auf einem abgelegeneren Teil des Geländes patrouillierten – begab sich Kramer in Richtung Waschhaus. Er zwängte sich durch die Lücke und kroch in den Versorgungskorridor. Der enge, dunkle Raum war stickig und von dem kühlen, modrigen Geruch durchzogen, der ihm den Atem raubte.
Doch er hatte es geschafft – er war aus dem eigentlichen Haupttrakt des Gefängnisses hinausgelangt und bewegte sich nun durch den alten Versorgungskorridor. Der Boden war feucht, und seine Schritte hallten von den kalten Betonwänden wider, doch Kramer ging

entschlossen weiter. Sein Herz pochte vor Anstrengung und Aufregung. Das Wissen, dass die Freiheit nur noch einige Schritte entfernt lag, verlieh ihm die Kraft, weiterzugehen.
Doch gerade als er den Korridor durchschritt, um den Notausgang zu erreichen, tauchten am Ende des Ganges Schatten auf. Eine Gruppe von Wachen, die durch ein unvorhergesehenes Geräusch alarmiert worden war, war ihm auf die Spur gekommen. Die Wachen leuchteten den Gang mit Taschenlampen aus und entdeckten Kramers Silhouette, die im spärlichen Licht aufblitzte.
Kramer überlegte nicht lange – er setzte alles auf eine letzte, verzweifelte Flucht. Er rannte in Richtung des Notausgangs, stieß die altersschwachen Türen auf, die unter lautem Knirschen aufschwangen, und sprintete hinaus in den Grünstreifen. Der kalte Wind und das feuchte Gras unter seinen Füßen fühlten sich wie eine Befreiung an. Doch die Wachen waren ihm dicht auf den Fersen, und kaum hatte er den Waldrand erreicht, wurde er von den Verfolgern eingeholt und zu Boden gebracht.
Die Konsequenzen seines gescheiterten Fluchtversuchs waren rigoros. Kramer wurde in Einzelhaft verlegt und jeden Tag zu stundenlangen Verhören herangezogen, in denen die Wachen versuchten, Details über seinen Fluchtplan und mögliche Mitwisser herauszupressen. Doch Kramer blieb standhaft und weigerte sich, Einzelheiten preiszugeben. Der Versorgungskorridor und die Risse im Waschhaus wurden innerhalb weniger Tage verstärkt und

gesichert, und der Bereich wurde von da an unter strengerer Überwachung gehalten.
Unter den Insassen verbreitete sich Kramers Geschichte schnell. Die Tatsache, dass er fast erfolgreich die alte Struktur des Gebäudes genutzt hatte, um eine Flucht zu wagen, inspirierte viele, die zunehmend von den harten Bedingungen und den ständigen Misserfolgen entmutigt waren. Kramers Name wurde in den Fluren des Gefängnisses geflüstert, und für viele wurde er zum Sinnbild der Entschlossenheit und des ungebrochenen Willens, der auch die dicksten Mauern und die stärksten Kontrollen zu überdauern wusste.
Für Kramer selbst blieb der Fluchtversuch ein Symbol seiner inneren Freiheit. Auch wenn die Gefängnismauern ihn noch immer umgaben, fühlte er sich für einen kurzen Moment befreit – ein Mann, der seine Ketten durch einen Akt des Mutes und der Entschlossenheit überwunden hatte. Sein gescheiterter Fluchtversuch zeigte, dass das Streben nach Freiheit immer ein Teil von ihm sein würde, und dass in den Herzen der Insassen der Traum von Freiheit lebte, solange sie sich nicht von der Hoffnung abbringen ließen.

Kapitel 13: Der Ausbruchsversuch von Robert Zobel, 1987

Im Jahr 1987 hatte das Gefängnis in Neustrelitz die Sicherheitssysteme bis an ihre Grenzen perfektioniert. Die wenigen Fluchtversuche der vergangenen Jahre waren schnell und hart niedergeschlagen worden. Doch Robert Zobel, ein charismatischer 37-jähriger Geschäftsmann aus Leipzig, der wegen Bankenbetrugs inhaftiert war, sah in dieser Situation weniger eine Grenze als eine Herausforderung. Als gewiefter Fälscher und strategischer Denker hatte er sich vorgenommen, der Anstalt auf seine eigene Art zu entkommen – mit Stil und einer Prise Ironie.
Zobel war ein Meister der Täuschung und Manipulation. Schon während seines Prozesses hatte er bewiesen, wie leicht es ihm fiel, Dokumente so authentisch wirken zu lassen, dass selbst Experten kaum einen Unterschied erkennen konnten. Und nun, eingesperrt in einer Zelle, sah er eine neue Chance, seine Fähigkeiten unter Beweis zu stellen: Er plante, seine eigene Entlassung herbeizuführen – schriftlich und ohne physische Fluchtversuche, die bisher immer gescheitert waren.

Niemand wusste genau, wie es ihm gelang, die nötigen Materialien zu beschaffen, doch Zobel begann heimlich, Entlassungspapiere zu fälschen, die so echt wirkten, dass sie jeden misstrauischen Blick bestehen würden. Die offizielle Sprache, die Formulierungen, die Stempel – jedes Detail wurde penibel ausgearbeitet. Die fertigen Dokumente waren so makellos, dass sie direkt aus dem Büro

der Verwaltung hätten stammen können. Doch das größte Hindernis blieb: Wie sollte er die Papiere überhaupt aus der Zelle hinausbringen, ohne sich dabei zu verraten?
Zobel entschied sich für einen unerwarteten Weg: Er nutzte das Fenster seiner Zelle. Mit gezielten Berechnungen, einem geübten Wurf und einem Hauch Glück schaffte er es, das gefälschte Entlassungsdokument durch das kleine Fenster in Richtung des Verwaltungsflügels zu werfen, wo es mit erstaunlicher Präzision auf dem Fensterbrett des Verwaltungsbüros landete. Der Windstoß, der durch den engen Innenhof wehte, unterstützte seinen Plan perfekt, und das Papier glitt genau dorthin, wo er es haben wollte.
Das Dokument wurde schließlich von einem der Angestellten im Büro gefunden, der es – in dem Glauben, es gehöre zu den offiziellen Unterlagen – unbeachtet auf den Schreibtisch des zuständigen Beamten legte. Als der Beamte später die Unterlagen durchging, bemerkte er die vermeintlich „neuen" Entlassungspapiere von Zobel, die ihn ordnungsgemäß für eine baldige Freilassung registrierten. Die Papiere waren so authentisch, dass der Beamte keinen Verdacht schöpfte und die Unterlagen wie vorgesehen zur weiteren Bearbeitung weiterleitete.
Einige Tage später, als Zobel wie gewöhnlich in seiner Zelle saß, bekam er die Nachricht, dass er offiziell entlassen werden würde. Er verbarg sein Lächeln und wartete geduldig, bis die Beamten ihn abholten. Selbst als sie ihn durch die Korridore führten, hielt er seine Fassade aufrecht, als sei alles nur eine formale Angelegenheit. Doch in

ihm jubelte der Triumph der perfekten Täuschung. Zobel hatte das System auf eine Weise überlistet, die niemand in diesem Gefängnis je für möglich gehalten hätte.
Doch kurz bevor er das Gebäude verlassen konnte, fiel einer der Beamten zufällig ein untypisches Detail auf: Ein zusätzlicher Papierstapel im Büro, der das Datum der Entlassungspapiere infrage stellte. Es dauerte nur Sekunden, bis der Fehler auffiel – und Zobel, der sich beinahe schon in Freiheit gewähnt hatte, wurde auf der Schwelle des Ausgangs zurückgehalten. Die Beamten brachten ihn, diesmal unter verstärkter Bewachung, zurück in seine Zelle.
Die Geschichte von Robert Zobels Versuch, sich selbst freizulassen, machte schnell die Runde. Für die Insassen war er ein Held, ein Meister der Fälschung und Manipulation, der die Verwaltung beinahe überlistet hätte. Für die Wachen und Beamten jedoch wurde er zu einer Art lebender Legende – der Mann, der seine Entlassung mit einem einfachen Papier und einer ausgeklügelten Täuschung erreichen wollte.
Die Sicherheitsvorkehrungen in der Verwaltung wurden nach diesem Vorfall drastisch verschärft, und die Kontrolle über sämtliche Dokumente wurde systematisch erhöht. Doch in den Fluren der Anstalt und den Gesprächen der Insassen blieb Zobel ein Held – der Mann, der beinahe den perfekten Papierkrieg gewonnen hätte.

Kapitel 14: Der Ausbruchsversuch von Helmut Kraus und seinen „Rattengehilfen", 1989

1989 befand sich die DDR im Wandel, doch das Gefängnis in Neustrelitz blieb eine Welt für sich, ein abgeschotteter Ort, der gegen jede Unruhe von außen resistent schien. Helmut Kraus, ein 40-jähriger, wegen wiederholter Diebstähle inhaftierter Mann, hatte das triste Leben in der Anstalt satt. Mit einem wachen Geist und dem scharfen Blick eines geübten Diebes, fiel ihm schnell etwas auf, das den anderen Insassen entging: die winzigen Schatten der Ratten, die durch die Flure huschten. In ihren Bewegungen erkannte er eine Möglichkeit zur Flucht – eine ausgefallene, ungewöhnliche, aber vielversprechende Methode.

Kraus war fasziniert von den Ratten und begann, Futterreste und kleine Leckereien in seine Zelle zu locken. Die Tiere, hungrig und neugierig, folgten der Spur aus Krümeln und wagten sich mit der Zeit immer näher an ihn heran. Er nannte seine erste „Schülerin" Berta, ein wendiges, flinkes Tier mit blitzenden schwarzen Augen. Berta und einige andere Ratten ließen sich von ihm anlocken, und im Lauf der Wochen begann Kraus, sie in seine Pläne einzuweihen. Durch Geduld und ständige Belohnungen brachte er ihnen einfache Tricks bei, indem er kleine Gegenstände wie Schrauben und Metallstücke sammelte und die Tiere darauf trainierte, ihm diese zu bringen.

Kraus erkannte bald, dass die Ratten ein regelrechtes Netzwerk an Verbindungen im

Gefängnis hatten – sie huschten durch Lüftungsschächte, schlüpften unter Türen hindurch und krochen selbst durch die engsten Lücken. Mit seiner tierischen „Bande“ gelang es ihm, nach und nach winzige Gegenstände aus den Taschen und Betten anderer Häftlinge zu beschaffen: Münzen, Nägel und sogar ein Stück Draht fanden den Weg in seine Zelle. Die anderen Insassen waren irritiert und verwundert, doch keiner hatte den geringsten Verdacht auf Kraus oder seine ungewöhnlichen Diebesgehilfen.

Eines Tages, nach Monaten des Trainings, wagte Kraus ein neues Experiment. Die Wachen hatten die Angewohnheit, ihre Schlüsselbunde auf bestimmten Haken im Bürobereich abzulegen, wenn sie zwischen den Abteilungen wechselten. Es war ein gefährliches Unterfangen, doch Kraus schickte Berta und ihre Rattengenossen auf einen abenteuerlichen Raubzug – mit dem Ziel, einen dieser Schlüsselbunde zu ergattern. Es war eine verwegene Idee, und selbst Kraus hegte Zweifel, ob die Ratten es schaffen würden.

Zu seinem Erstaunen – und zu seinem Triumph – kehrte Berta tatsächlich mit einem Schlüsselbund zurück. Kraus war sprachlos, als das metallene Klirren in der Dunkelheit seiner Zelle erklang. Der Schlüssel, den die Ratte in ihren winzigen Zähnen hielt, glänzte im fahlen Licht. Kraus fühlte einen kurzen, triumphalen Funken: Die kleine Berta hatte das Unmögliche geschafft.

Kraus wusste, dass seine Zeit knapp bemessen war. Am darauffolgenden Abend, während die Wachen ihre routinemäßigen Rundgänge machten und die Insassen in ihren Zellen sicher schienen, machte sich Kraus bereit. Er wusste, dass jeder Schritt seiner Flucht akribisch geplant sein musste. Die Ratten hatten ihn zum entscheidenden Schlüssel geführt, doch die Umsetzung seines Plans lag nun bei ihm allein. Mit geschickten, leisen Bewegungen öffnete er das Schloss seiner Zelle, prüfte den leeren Korridor und schlich hinaus. Die Ratten, die ihm folgten, schienen sich ebenfalls zu bewegen, als hätten sie seine Entschlossenheit übernommen. Doch kaum hatte er die ersten Meter in Richtung Ausgang zurückgelegt, schlug das Schicksal zu: Eine der Wachen bemerkte den ungewöhnlichen Klang der sich öffnenden Tür und eilte herbei. Kraus hörte die eiligen Schritte hinter sich und drehte sich um, nur um im Schein der Taschenlampe der Wache geblendet zu werden. Die Flucht war gescheitert, doch Kraus lächelte – ein kleines, triumphierendes Lächeln, das die Wachen irritierte. Selbst im Scheitern wusste er, dass er das System für einen Moment überlistet hatte. Die Wachen verstärkten die Sicherheitsmaßnahmen, kontrollierten die Rattenpopulation und ließen keine Gelegenheit mehr aus, das Gefängnis auf die kleinsten Sicherheitslücken zu prüfen. Kraus aber wurde für die Insassen zum Symbol dafür, dass selbst die kreativsten Pläne eine Chance auf Erfolg hatten – und dass die Entschlossenheit zur Freiheit durch nichts gebrochen werden konnte, selbst nicht durch Mauern und Zellen.

Kapitel 15: Der Ausbruchsversuch von Vincent Hohne, 1992

Mit der Wiedervereinigung und den massiven Veränderungen in der Gesellschaft änderte sich auch das Gesicht des Gefängnisses in Neustrelitz. Was einst eine berüchtigte Stasi-Haftanstalt war, wurde nun zur Justizvollzugsanstalt (JVA) umfunktioniert, die offiziell unter neuen Regeln und Zuständigkeiten geführt wurde. Dennoch, die Mauern und Gitter blieben dieselben, und die Geschichten vergangener Fluchtversuche lebten in den Fluren und Zellen weiter – Geschichten, die auch Vincent Hohne, ein junger, rebellischer Insasse, aufmerksam hörte und zu verstehen begann.

Hohne, 28 Jahre alt und ein ehemaliger Sportler und begeisterter Tüftler, hatte es geschafft, sich im Gefängnis einen Ruf aufzubauen. Verurteilt wegen Diebstahls und wiederholter Einbrüche, galt er als jemand, der über das nötige Geschick und die nötige Ausdauer verfügte, um scheinbar Unmögliches zu vollbringen. Doch sein Plan, der ihn in Freiheit bringen sollte, war alles andere als herkömmlich.

Hohne nutzte seine Zeit in der JVA damit, sich ein Trainingsgerät zu bauen. Er wusste, dass jeder Ausbruch nicht nur einen klaren Plan, sondern auch körperliche Stärke und Geschicklichkeit erforderte. Während die anderen Insassen stundenlang im Hof spazieren gingen, trainierte Hohne täglich an seinem improvisierten Gerät aus Besenstielen und Bettlaken, die er zu Widerstandsbändern verknüpft hatte. Die

Wachen sahen darin nichts Verdächtiges, sondern lediglich einen sportlich ambitionierten Häftling, der sich fit halten wollte.
Während er trainierte, beobachtete Hohne auch die Struktur des Gefängnisses. Er bemerkte, dass seit der Umwandlung in eine JVA einige der Sicherheitsmaßnahmen weniger streng geworden waren. Die alten Lüftungsschächte, die früher regelmäßig inspiziert worden waren, waren nun oft vernachlässigt. Einer dieser Schächte befand sich in der Nähe der Wäschekammer, wo die Insassen Zugang hatten, um die frische Wäsche abzuholen.
Nach Monaten der Vorbereitung kam der Abend, an dem Hohne seinen Plan umsetzen wollte. In einem Moment der Unaufmerksamkeit der Wachen begab er sich in die Wäschekammer und löste vorsichtig die Schrauben des Lüftungsgitters, das ihm den Zugang zum Schacht ermöglichen würde. Durch den Schacht wollte er zum Versorgungstunnel gelangen, der außerhalb des Gebäudes endete. Die Dunkelheit des Schachtes war beängstigend, und die stickige Luft erschwerte ihm das Atmen, doch Hohne blieb ruhig und konzentriert.
Er kroch vorsichtig durch die enge Röhre, seine Hände glitten über das kalte Metall, und das gedämpfte Klirren seiner Bewegungen hallte durch den Schacht. Schließlich erreichte er das Ende des Tunnels, wo er den alten, rostigen Notausgang entdeckte. Doch die Tür, die ihn von der Freiheit trennte, war fest verschlossen – und es war unmöglich, sie lautlos zu öffnen. Hohne zögerte nicht: Mit aller Kraft stemmte er sich

gegen das Metall und drückte, bis das Schloss nachgab.
Doch genau in diesem Moment aktivierte sich ein Bewegungssensor, den er nicht bemerkt hatte. Die Alarmsirenen heulten auf, und grelle Lichter fluteten das Gelände. Die Wachen, die nun auf höchste Alarmbereitschaft schalteten, erkannten schnell, dass jemand versuchte, das Gefängnisgelände zu verlassen. Hohne sprintete durch den schmalen Gang, das Adrenalin schoss durch seine Adern, doch kaum hatte er die ersten Meter im Freien zurückgelegt, erfassten ihn die Taschenlampenstrahlen.
Die Wachen waren sofort zur Stelle, die Wachhunde bellten laut und waren auf dem Weg in seine Richtung. Hohne kämpfte noch, versuchte, seine Flucht fortzusetzen, doch die körperliche Erschöpfung und die allgegenwärtigen Wachen zwangen ihn in die Knie. Er wurde festgenommen und zurück in die JVA gebracht, doch sein Plan und seine Entschlossenheit hinterließen einen bleibenden Eindruck.
Nach dem Vorfall wurden die alten Schachtsysteme in der JVA Neustrelitz vollständig versiegelt und zusätzliche Sensoren installiert. Die Geschichte von Vincent Hohne verbreitete sich unter den Insassen schnell, und für viele wurde er zu einem Beispiel dafür, dass der Wille zur Freiheit selbst in den härtesten Zeiten lebendig blieb.

Kapitel 16: Der Fluchtversuch von Jens „der Gelehrte“ Berger, 1995

In den Jahren nach der Umwandlung zur JVA veränderte sich die Insassenstruktur allmählich, und Neustrelitz begann, nicht nur für politische Häftlinge, sondern für Menschen aus allen Teilen der Gesellschaft Platz zu bieten. Jens Berger, ein ehemaliger Universitätsdozent, galt unter den Insassen als „der Gelehrte.“ Er war wegen Veruntreuung von Forschungsgeldern verurteilt worden, doch seine brillante Auffassungsgabe und seine Liebe zur Geschichte machten ihn bald zu einem der bekanntesten Insassen.

Berger, ein stiller Denker, kannte jedes Detail über Festungen und ihre Fluchtgeschichten – er war fasziniert von alten Legenden über ausgebrochene Häftlinge und historische Fluchtstrategien. Eines Tages, während er das Gelände der JVA von seinem Zellenfenster aus betrachtete, kam ihm ein Gedanke: Wenn Festungen in früheren Jahrhunderten durch Tunnel entkommen konnten, dann könnte vielleicht auch er diesen Ansatz für sich nutzen.

Im Gefängnis nutzte Berger jede Möglichkeit, die Gänge und Vorräume zu studieren. Besonders die unterirdischen Versorgungsräume, in denen Reparaturarbeiten durchgeführt wurden, weckten sein Interesse. Er bemerkte, dass die Bodenplatten im Keller mit Metallstiften gesichert waren, die er möglicherweise mit einer einfachen Schraubtechnik lösen könnte. Sein Plan war es, durch die Bodenplatten in einen Tunnel unter der

JVA zu gelangen und dann, in klassischer „Festungsflucht-Manier", durch die alten Abflussrohre nach draußen zu entkommen.
Im Verlauf der Wochen brachte er einige verbogene Metallstücke und Werkzeuge in die Zelle – einfache Gegenstände, die ihm bei seinem Vorhaben helfen konnten. In den stillen Stunden der Nacht begann er, die ersten Schritte umzusetzen. Die Bodenplatten im Keller waren schwer, aber durch das vorsichtige und systematische Lösen der Schrauben gelang es ihm, eine kleine Öffnung zu schaffen, durch die er sich abseilen könnte.
Berger wählte einen Abend, an dem die meisten Wachen abgelenkt waren und das Gefängnis in eine friedliche Stille gehüllt schien. Er schlich sich in den Keller, kletterte durch die Lücke in den Tunnel und begann seinen langen Weg. Der dunkle, enge Schacht erinnerte ihn an alte Geschichten über Flucht und Freiheit, die ihm Mut machten. Das Rauschen des Abflusswassers klang wie eine schaurige Melodie, die ihn durch die unterirdischen Kanäle trug.
Doch die Tunnel, die ihm anfangs wie ein klarer Weg in die Freiheit erschienen waren, erwiesen sich bald als labyrinthartiges System. Er hatte keine Karte und keine Möglichkeit, sich an den Knotenpunkten zu orientieren. Verzweifelt tastete er sich durch das Netzwerk, während die Stunden verstrichen und seine Kraft nachließ. Schließlich entschied er, zurückzukehren und den Tunnel ein anderes Mal zu erkunden.
Als er in den Keller zurückkehrte, warteten die Wachen bereits auf ihn – eine Routineinspektion

hatte seine Spuren bemerkt, und seine Flucht endete, bevor sie richtig beginnen konnte. Die Wachen verstärkten die Sicherung der Bodenplatten und ließen die unterirdischen Zugänge dauerhaft verschweißen.
Jens Berger wurde für seine Ambitionen sowohl bewundert als auch belächelt. Seine Methode war faszinierend, und seine Versuche, die Geheimnisse der alten Tunnel für sich zu nutzen, erinnerten die Insassen an die klassischen, fast romantischen Geschichten vergangener Zeiten. Doch die moderne Welt und ihre Sicherheitstechniken hatten sich als härter erwiesen als die Geschichten der Vergangenheit – und so blieb Berger im Innern der Festung Neustrelitz, wo seine Legende als „der Gelehrte" weiterwuchs und von einer unermüdlichen Suche nach Freiheit erzählte.

Kapitel 17: Der Fluchtversuch von Marko Weber, 2002

Im Jahr 2002 hatte die JVA Neustrelitz immer noch den Charakter eines traditionellen Gefängnisses, jedoch mit ersten modernen Überwachungsmaßnahmen. Bewegungsmelder, Zugangskarten und Videokameras hatten längst ihren Einzug gehalten, doch biometrische Scanner und GPS-Tracker waren noch Zukunftsmusik. Für Marko Weber, einen ehemaligen IT-Spezialisten, schienen die technischen Systeme dennoch anfällig genug für einen durchdachten Fluchtplan.

Marko, Anfang 30 und wegen wiederholter Einbrüche und Computerbetrugs verurteilt, war ein versierter Techniker mit einer Faszination für Elektronik und digitale Sicherheitsmechanismen. Schon als Teenager hatte er sich in Systeme gehackt, durch die Fenster von Computernetzen geschlüpft und hatte die Schwachstellen von Firmennetzwerken aufgedeckt. Doch in der JVA fand er sich in einer Welt voller physischer Barrieren und Kontrollpunkte wieder, die ihn vor eine ganz neue Herausforderung stellten.

Marko erkannte bald, dass das Sicherheitssystem der JVA – obwohl es Kameras und Bewegungsmelder gab – alles andere als unüberwindbar war. Die Infrastruktur war über alte Netzwerkkabel verbunden, die durch verschiedene Stockwerke der JVA verliefen und eine zentrale Sicherungseinheit im Verwaltungsflügel speisten. Immer wieder fielen ihm winzige, kaum sichtbare Verzögerungen in

den Überwachungsvideos auf, vor allem wenn mehrere Kameras gleichzeitig an das System übermittelt wurden. Er wusste sofort, dass hier eine Lücke existierte, die es zu nutzen galt.
Über Monate hinweg analysierte Marko die Schaltkreise und die elektrischen Systeme, die er gelegentlich bei Instandhaltungsarbeiten im Gang der Werkstatt sah. Immer wieder kam er mit kleinen Tricks an Material, das ihm später helfen würde: ein alter Kondensator hier, ein Drahtstück dort. Schließlich gelang es ihm, in seiner Zelle ein improvisiertes Störgerät zusammenzubauen – ein kleiner, fast unscheinbarer Sender, der in der Lage war, elektromagnetische Impulse zu senden und damit für Sekunden die Übertragung der Kamerabilder zu stören.
Sein Plan war riskant: Er wollte die Überwachung an einem bestimmten Punkt für Sekundenbruchteile aussetzen, um sich unbemerkt über den Flur zum hinteren Ausgang des Verwaltungstrakts zu bewegen, der gelegentlich offen gelassen wurde, wenn neue Häftlinge ankamen. Der Weg würde nicht einfach sein, aber er wusste, dass er nur ein kleines Zeitfenster brauchte, um unbemerkt zum Ausgang zu gelangen.
Er entschied sich für eine stürmische Oktobernacht. Der Regen prasselte gegen die Fenster, und das Heulen des Windes übertönte die üblichen Geräusche in den Fluren. In dieser Nacht hoffte Marko, dass die Aufmerksamkeit der Wachen durch das Wetter abgelenkt wäre und sein Plan reibungslos über die Bühne gehen könnte. Er hatte alles sorgfältig vorbereitet und

wartete nur darauf, dass die Nachtwache ihre Runde beendete.
Als die Uhr Mitternacht schlug, schlich Marko sich zur Werkstatt, die an das Lager angrenzte und dessen Ausgang direkt zum Verwaltungsbereich führte. Er aktivierte sein selbstgebautes Störgerät, und tatsächlich, wie erwartet, setzte die Kameraübertragung für ein paar entscheidende Sekunden aus. Blitzschnell huschte er durch den Flur, hielt den Atem an und schlich an den Türen vorbei, während die Bildübertragung flackerte. Doch was er nicht wusste, war, dass das Sicherheitssystem eine neue Funktion hatte, die bei jeder Unterbrechung des Kamerabilds ein automatisches Notfallsignal an die Wachen sendete. Dieses Backup-System war im Sommer des gleichen Jahres installiert worden und reagierte auf das kleinste Flackern der Kamerabilder. Ohne dass Marko es ahnte, war seine Flucht innerhalb von Sekunden registriert und die Wachen sofort alarmiert.
Noch während er durch den Flur zum Ausgang hastete, hörte er Schritte und das Klicken von Taschenlampen hinter sich. Sein Herz begann zu rasen, und er wusste, dass ihm nur wenige Sekunden blieben. Er beschleunigte seinen Schritt, die Tür zum Ausgang kam in Sichtweite, doch in diesem Moment erleuchtete ihn das gleißende Licht einer Taschenlampe. „Stopp! Hände hoch!“ schallte die Stimme einer Wache durch den Flur.
Marko war gefangen. Die Wachen packten ihn und führten ihn zurück in seine Zelle. Die Leichtigkeit, mit der er geglaubt hatte, das

System austricksen zu können, hatte sich gegen ihn gewendet, und die kalte Realität der Überwachung hatte gesiegt.
Nach seiner gescheiterten Flucht wurden die Sicherheitsmaßnahmen in der JVA nochmals verschärft. Die Technik der Kameras wurde auf den neuesten Stand gebracht, und die Werkstatt erhielt zusätzliche Zugangsbeschränkungen. Alle elektronischen Bauteile wurden gesichert und Inventurlisten erstellt, sodass keine Einzelteile mehr unbemerkt verschwinden konnten. Marko, der IT-Spezialist, war nicht der Erste gewesen, der das System herausgefordert hatte, doch für die Insassen wurde seine Geschichte zur Mahnung und Legende gleichermaßen – als derjenige, der das moderne Zeitalter der digitalen Flucht eingeläutet hatte, nur um an den allgegenwärtigen Augen des Überwachungsstaates zu scheitern.

Kapitel 18: Der Fluchtversuch von Enrico Fuchs, 2008

Im Jahr 2008 war die JVA Neustrelitz längst mit den modernsten Sicherheitssystemen ausgestattet, doch Enrico Fuchs, ein ehemaliger Extremsportler und Basejumper, war entschlossen, diese Maßnahmen zu überwinden. Verurteilt wegen mehrfacher Widerstandsdelikte und Sachbeschädigung, saß Enrico eine lange Strafe ab, doch sein Wille zur Freiheit und seine Vorliebe für extreme Manöver gaben ihm den Mut zu einem riskanten Fluchtplan.

Enrico fiel auf, dass das Sicherheitskonzept des Gefängnisses auf strikte Regeln und festgelegte Wachroutinen beruhte, die sich jede Nacht wiederholten. Vor allem die Außenmauer und die Wachtürme, die den Innenhof absicherten, wurden in einem immer gleichen Rhythmus von einer Patrouille abgegangen. Doch Enrico erkannte, dass ein schmaler Bereich im Innenhof zwischen zwei Überwachungsbereichen lag, der für einen kurzen Moment unbeobachtet blieb – ein blinder Fleck, den die Kameras nicht abdeckten.

Enrico begann, sich schleichend auf seine Flucht vorzubereiten. Nach und nach sammelte er alles, was er für seinen Fluchtplan benötigen würde: einen langen Strick, den er aus zerissenen Laken bastelte, und kleine Metallhaken, die er unauffällig in der Werkstatt fand und aufbewahrte. Sein Plan war es, sich in diesem unbeobachteten Moment auf die Außenmauer zu ziehen, mithilfe eines provisorischen Hakens, und dann – seiner Basejumper-Erfahrung folgend

– an den Rändern der Mauer entlangzuhangeln, um die Wachttürme zu umgehen.
An einem nebligen Herbstabend, als der Hof im Dunst verborgen lag, setzte Enrico seinen Plan um. Im Schutz des Nebels und in einem gezielten Augenblick huschte er zum blinden Fleck und zog sich mithilfe des Hakens in die Höhe. Die kühle Nachtluft schlug ihm ins Gesicht, und das Adrenalin schoss durch seine Adern, als er langsam und behutsam die Mauer entlangkletterte.
Doch als er den Rand des Turms fast erreicht hatte, bemerkte einer der Wachmänner den ungewöhnlichen Schatten an der Außenmauer. Alarmiert rief er nach Verstärkung, und das helle Licht der Taschenlampen erfasste Enrico, der kurz davor war, sich über die Mauer zu schwingen. Die Wachen umstellten ihn und führten ihn zurück in die Anstalt. Sein kühner Fluchtversuch blieb erfolglos, und doch wurde er für viele Häftlinge zum Helden.
Nach dem Vorfall wurden die Überwachungsmaßnahmen in der JVA nochmals verschärft. Die Patrouillenabstände wurden verkürzt, und die Sicherheit der Außenmauer wurde mit zusätzlichen Sensoren verstärkt. Enrico, der Extremsportler, wurde zur Legende unter den Insassen – ein Symbol für den ungebrochenen Willen zur Freiheit, selbst wenn dieser durch höchste Mauern und Überwachungssysteme begrenzt war.

Kapitel 19: Der letzte Fluchtversuch von Sascha Blume, 2022

Im Jahr 2022 schien die JVA Neustrelitz wie eine uneinnehmbare Festung. Mit Drohnenüberwachung, GPS-Trackern und neuen Kameraanlagen war die Sicherheitsinfrastruktur auf dem neuesten Stand, und jeder Ausbruchsversuch wirkte nahezu aussichtslos. Doch Sascha Blume, ein kreativer, junger Insasse, verurteilt wegen Betrugs und Sachbeschädigung, wollte sich nicht von den modernen Sicherheitsvorkehrungen abschrecken lassen. Sascha bemerkte, dass die Drohnen der JVA in festen Bahnen flogen und sich durch eine festgelegte Routine steuern ließen. Wenn er diese Muster verstehen und die Lücken zwischen den Überwachungsfenstern genau timen konnte, könnte er eine kleine Fluchtmöglichkeit für sich nutzen. Er wusste, dass es keine traditionelle Flucht sein würde, sondern eine auf schnellen Bewegungen und Timing basierende Flucht. Sascha trainierte seinen Plan wochenlang in seiner Zelle und im Hof, berechnete die Sekunden zwischen den Drohnenflügen und arbeitete daran, seine Bewegungen blitzschnell und präzise auszuführen. Sein Plan sah vor, sich in den kurzen Momenten, in denen die Drohnen ein Areal verließen, unbemerkt durch den Innenhof zu bewegen und sich im Schatten an einen Lieferwagen zu klemmen, der die JVA regelmäßig verließ.

In einer regnerischen Nacht setzte Sascha seinen Plan in die Tat um. Der Regen und die Dunkelheit

bildeten ein perfektes Versteck und halfen ihm, den Lieferwagen unbemerkt zu erreichen. Als die Drohnen für einen Moment von seinem Versteck wegschwenkten, glitt er unter das Fahrzeug und hielt sich an den Achsen fest, während das Tor sich öffnete und der Wagen hinausrollte.
Doch was Sascha nicht wusste, war, dass die Fahrzeuge der JVA mittlerweile GPS-überwacht wurden. Kaum hatte der Wagen das Tor passiert, als die Zentrale eine Meldung über ein zusätzliches Gewicht im Fahrzeug erhielt. Der Fahrer wurde angehalten, und die Wachen entdeckten Sascha, der erschöpft und nass unter dem Wagen hervorkroch.
Nach diesem letzten, gescheiterten Versuch wurden die Sicherheitsprotokolle der JVA nochmals angepasst. Die Drohnenüberwachung wurde neu programmiert und die GPS-Systeme der Fahrzeuge regelmäßig überprüft, um sicherzustellen, dass kein Insasse mehr unerkannt aus dem Gelände gelangte.
Saschas Geschichte wurde zur letzten großen Erzählung über die kreativen, unermüdlichen Fluchtversuche in Neustrelitz. Für die Insassen blieb er ein Symbol für den immerwährenden Drang nach Freiheit – ein Mann, der sich auch in den schwierigsten Umständen und trotz aller technologischen Barrieren nicht davon abhalten ließ, den Traum von Freiheit weiter zu verfolgen.

Kapitel 20: Die Legende der Fluchtversuche und die moderne JVA Neustrelitz, 2023

Im Jahr 2023 war die JVA Neustrelitz nicht nur eine Einrichtung, die durch Mauern und Wachtürme gesichert wurde, sondern ein digitaler Hochsicherheitstrakt, in dem jede Bewegung, jeder Besuch und jeder Gedanke zur Flucht in den Fokus moderner Technologie geraten konnte. Mit Drohnen, Wärmebildkameras, GPS-Überwachung, ständiger Videoaufzeichnung und sogar psychologischen Beobachtungen, die Fluchtmuster vorhersehen sollten, war die JVA nicht mehr das, was sie einst gewesen war.
Doch die Geschichten der gescheiterten Fluchtversuche blieben lebendig und fanden ihren Weg von Zelle zu Zelle. Neue Insassen erfuhren von den mutigen, cleveren und oft verzweifelten Versuchen ihrer Vorgänger – von Vincent Hohne, der über Lüftungsschächte zu entkommen versuchte, von Enrico Fuchs, dem Extremsportler, und von Sascha Blume, der die Drohnen überlisten wollte. Jeder Versuch, jede Geschichte trug sich wie ein Märchen der Rebellion in den Fluren weiter und schürte das Feuer der Hoffnung und den Glauben an die Freiheit, selbst wenn die Realität unbarmherzig blieb.
Die modernisierten Maßnahmen der JVA reichten jedoch nicht, um den Geist der Insassen zu brechen. Die Legenden der Fluchtversuche stärkten die Solidarität und den Mut der Inhaftierten. Für manche wurde der Versuch zur

Freiheit zu einer Art philosophischem Gedankenspiel, einer Form von stiller Revolte, die nicht nur die körperliche, sondern auch die mentale Freiheit beinhaltete. Die neuen Technologien hatten vielleicht die körperlichen Barrieren verdoppelt, doch die Geschichten der gescheiterten Fluchten zeigten den Insassen, dass die Freiheit des Geistes keine Mauern und Gitter kannte.

Im Zuge der Digitalisierung und des erhöhten technologischen Einsatzes begann die JVA Neustrelitz, die gesammelten Daten aus den Fluchtversuchen der Vergangenheit zu analysieren. Ein Team aus Psychologen und Sicherheitsexperten studierte die Verhaltensmuster der Insassen und versuchte, zukünftige Fluchtversuche zu verhindern, indem sie Präventivmaßnahmen einführten. Doch die Analyse der Daten zeigte auch, dass die Fluchtversuche nicht nur durch technische Fehler im System begünstigt worden waren, sondern durch die psychologische Entschlossenheit der Insassen.

Als das Gefängnispersonal im Zuge dieser Analyse das Archiv der JVA durchsuchte, stießen sie auf detaillierte Berichte und Zeugenaussagen aus den vergangenen Jahrzehnten, die wie ein literarisches Werk die Geschichte der Entschlossenheit und der Sehnsucht nach Freiheit dokumentierten. In den Aufzeichnungen fanden sich Notizen über Robert Zobel, der Entlassungspapiere aus dem Fenster warf, und über Marko Weber, der das Sicherheitssystem überlistete. Jede Seite war eine Erinnerung daran, dass die Fluchtgedanken der Insassen stärker waren als die Hürden, die ihnen gesetzt wurden. Mit einer Mischung aus Ehrfurcht und Staunen erkannte die Verwaltung der JVA, dass die Legende der Fluchtversuche zu einem unzerstörbaren Teil der Gefängnisgeschichte geworden war. Die gescheiterten Versuche, die Mauern der JVA Neustrelitz zu durchbrechen, hatten mehr als nur Mauern herausgefordert – sie hatten gezeigt, dass der Freiheitswille eine Kraft war, die sich nicht durch Technik oder Mauern bannen ließ.

Im Jahr 2023 wurde die JVA Neustrelitz als eine der sichersten Haftanstalten Deutschlands betrachtet, und die Möglichkeit einer erfolgreichen Flucht war auf nahezu null reduziert worden. Doch in den Zellen und unter den Insassen lebte die Geschichte weiter, und mit ihr das stille Versprechen, dass die Freiheit, sei sie auch nur eine Idee, jeden Menschen immer begleiten würde.